V&R

Lothar Teckemeyer

# Werkbuch Religion

Bausteine für die unterrichtliche Gemeindepraxis

Vandenhoeck & Ruprecht

Mit 50 Abbildungen und Kopiervorlagen

Umschlagabbildung: © Thomas Hirsch-Hüffell
Illustrationen von Klaus Henkelmann

Bibliografische Information der Deutschen Nationalbibliothek

Die Deutsche Nationalbibliothek verzeichnet diese Publikation in der
Deutschen Nationalbibliografie; detaillierte bibliografische Daten sind
im Internet über http://dnb.d-nb.de abrufbar.

ISBN 978-3-525-58032-5
ISBN 978-3-647-58032-6 (E-Book)

# Inhalt

# Vorwort

Seit gut vierzig Jahren unterrichte ich Religion: als Lehrer und Pfarrer an Grund- und Hauptschulen, an Berufsbildenden Schulen und Gymnasien; ich erteile Konfirmandenunterricht und engagiere mich in der Erwachsenenbildung; ich wirke mit in Aus-, Fort- und Weiterbildung von Vikarinnen, Pastoren, Studierenden, Katechetinnen, Lehrern, Erzieherinnen und ehrenamtlichen Mitarbeitenden.

In einer meiner ersten Religionsstunden saßen 32 Schüler und Schülerinnen der vierten Klasse zusammen im Klassenraum, der zum „Rathaussaal" geworden war, und stritten in den Rollen von Abgeordneten einer fiktiven Stadt darüber, ob Behinderte unbegrenzten Zugang zum Hallenbad haben dürften. Gutachten wurden verfasst und verlesen, Plädoyers gehalten. Im Spiel wurde diakonisches Handeln diskutiert. Elemente performativer Religionsdidaktik gab es also schon damals, auch wenn sie nicht so genannt wurde. Der Begriff tauchte erst 2002 auf.

Performative Religionsdidaktik benennt, worum es mir immer schon beim Religion Lernen ging: Lernende an der Gestaltung von Religion teilhaben zu lassen und ihnen Raum zu geben für das Erleben, Ausprobieren und Reflektieren von Religion. Mehr noch: ihnen im partizipatorischen Sinne Freiräume zu eröffnen, in denen sie ihre eigenen religiösen Empfindungen und Ausdrucksformen zeigen und gestalten können.

Es geht um mehr als um Anpassung und Aneignung vorgegebener religiöser Muster. Religion Lernen im Sinne des selbsttätigen Lernens schließt subjektive, kreative Lernprozesse mit ein. Eigentätigkeit zu fördern und die je eigenen Ausdrucksformen der Einzelnen zu würdigen, braucht Zeit und Wegbegleitung. Solche Lernprozesse lassen sich nur schwer in Lernzielen formulieren und in vorgegebene Zeitraster und Stoffverteilungspläne einpassen.

„Gibt es das schriftlich?", wurde ich immer wieder nach Seminaren gefragt, in denen es darum ging, „Religion ins Spiel" zu bringen. Das gab den Anstoß, meine langjährigen Erfahrungen aufzuschreiben. Die hier dokumentierten Materialien zu einer performativen Religionsdidaktik sind Anregungen und Mutmacher, sich selbst auf den Weg zu machen, und sie laden dazu ein, sie in der eigenen Lehr- und Lernsituation auszuprobieren. Sie sind Bausteine perfomativen Religionsunterrichts.

Die über fünfzig Beispiele sind durchnummeriert und mit Angaben zur Lerngruppe, zur Dauer der Lerneinheit sowie zum Material versehen. Eines haben sie alle gemeinsam: Sie sind praxiserprobt, zudem in verschiedenen Zusammenhängen. Ein und dieselbe Übung ist sowohl in der Grundschule, in der gymnasialen Oberstufe, im Konfirmandenunterricht, bei einer Fortbildungsmaßnahme oder in der Erwachsenenbildung erprobt worden. Mit ein wenig Phantasie lassen sich die Bausteine in die jeweilige Lernsituation hinein übertragen.

Bei meinem persönlichen Lernprozess bin ich über viele Jahre hinweg immer wieder kritisch und wohlwollend von meinem viel zu früh verstorbenen Lehrer und Freund Christoph Bizer begleitet worden. Ihm ist diese Publikation gewidmet.

*Lothar Teckemeyer*

# Einführung: Nicht fragen – ausprobieren

## Schätze religionspädagogischen Lernens

Unterricht und gemeindepädagogische Arbeit geschehen immer in Zeit und Raum. Menschen bewegen sich mit ihrem „Leibraum" im Erfahrungsraum durch den Zeitraum. Sie begegnen sich und nehmen Kontakt zu ihrer Umwelt auf. Sie setzen sich in persönlicher Aneignung von Religion mit dem auseinander, was war, was ist und was sein wird. Dabei verfügt christliche Religion über grundlegende Schätze:

– Als Erstes seien die <u>Menschen</u> aus Tausenden von Jahren – bis heute – mit ihren Geschichten und Erfahrungen genannt, von denen der Glaube lebt. Religion wird durch „Überzeugen" tradiert, über Zeugen und Zeuginnen. Deshalb spielt die Auseinandersetzung mit Geschichte und Geschichten, sei es in schriftlicher oder mündlicher Form, eine bedeutende Rolle.

– Die <u>Schriften und Quellen</u> (besonders die biblischen), die Menschen heilig waren und sind und die bis heute bewahrt und ausgelegt werden, sind der zweite Schatz.

– Christliche Religion legt Wert auf die <u>Gestaltung der Räume</u>, in denen Religion geschieht. Da sind zunächst die inneren Räume der Menschen, in denen sie zu Haltungen und Überzeugungen finden, und da sind die äußeren Räume, in denen Religion gelebt und praktiziert wird, z. B. die Kirchen, Gemeindehäuser, Wohnstuben, Friedhöfe, Gärten oder Landschaften.

– Religion gestaltet <u>Zeit,</u> den Sonntag, die Tageszeiten, den Wechsel zwischen Stille und Aktion, die Festtage und den kirchlichen Jahreskreis. Sie gestaltet lebensbiografische Übergangsphasen, wie Geburt, Schuljahresanfang, Adoleszenz, Eheschließung, Tod und Trauer.

– Liturgien, Rituale und Bräuche geben der Religion <u>Ausdruck.</u> In Jahrhunderten gewachsen und immer wieder in Frage gestellt, bestimmen sie Lebensformen. Gebete, Gottesdienste, das Abendmahl, die Taufe und andere Kasualien sind äußere Kennzeichen einer christlichen Religion.

– Von unschätzbarem Wert ist die <u>ökumenische Weite.</u> Religion gestaltet sich im Miteinander von Menschen aus verschiedenen Kulturen und Ländern. Fremde und

Fremdes als Bereicherung und als Schatz der Kirche zu verstehen, fällt nicht immer leicht – öffnet aber zugleich die Augen für den Nächsten. In der ökumenischen Begegnung praktizieren Christen gegenseitige Achtung und bekommen Impulse für ihre eigene Religiosität.

Die in diesem Werkbuch vorgestellte performative Religionsdidaktik versucht diese Schätze zu achten. Sie sind Grundvoraussetzung für das Lernen von Religion. Glaubensüberzeugungen entstehen in der Begegnung mit Menschen aus der langen Kette jüdischer und christlicher Überlieferungen und anderen Religionen bis heute.

Religion Lernende nehmen diese Menschen wahr, befragen sie und setzen sich mit ihren Überzeugungen auseinander – in gewissenhaftem Textstudium, im Spiel, in ihrer Fantasie oder der direkten Begegnung. Dafür ist der Blick über die eigene Gruppe hinaus wichtig. Ökumenische Weite stärkt, weil Fremdes wahrgenommen wird, die eigene Konfessionalität. In der Auseinandersetzung mit Anderen und Anderem entwickeln Lernende eigene Identität.

Religion Lernen ist ein Wechselspiel zwischen inneren Überzeugungen und gestalteter Lebenspraxis. Religion geschieht in Räumen: Zum Einen in äußeren Räumen wie in Kirchen, auf Friedhöfen, auf Kirchentagen oder im Klassenzimmer, zum Anderen in inneren Räumen in uns selbst durch Meditation, Nachdenken oder Spiritualität. Der Gestaltung all dieser Räume schenken wir unsere Aufmerksamkeit und nehmen an deren Ausformung teil.

Schließlich ist Lernzeit gestaltete Lebenszeit. Beim Religion Lernen nehmen wir wahr, wie in der Tradition Menschen ihre Lebenszeit strukturiert haben und aktuell gestalten. Nach wie vor gibt es die Sonn- und Alltage. Festtage wie Weihnachten oder Ostern sind noch im Bewusstsein der meisten Menschen. Konfirmation, Schulbeginn oder Eheschließung sind wichtige Ereignisse in ihren Biografien. Wir feiern Gottesdienste und gestalten Andachten. Lernende probieren sich aus in Liturgien und Ritualen. Dabei gestalten sie Neues und entdecken Bewährtes.

Religion Lernen in diesem Sinne ist bestimmt durch offene, unkalkulierbare Verfahren, ist Experimentieren, ist Gelingen und Scheitern, ist der Umgang mit Brüchen, ist Suchen, Forschen, Gespräch und Begegnung, ist eher undogmatisch und nie ein „alles schon im Voraus Wissen".

Religion Lernen entzieht sich dem Machbarkeitswahn. Gerade deshalb kennen Unterrichtende auch das Scheitern und Unvollkommene von Unterrichtsprozessen. Religion Lernen geschieht immer auch unter dem Vorzeichen der Vorläufigkeit. Wer Religion lernt, ist niemals fertig.

Lernen ist das Aneignen und der Erwerb von Fertigkeiten.[1] Das bedeutet, fähig zu sein und zu werden, auf Situationen und Ereignisse zu reagieren und in ihnen zu handeln und mit zunehmenden Erfahrungen sie auch reflektieren zu können. Dies ist nicht nur im Sinne der Situationsbewältigung zu verstehen, sondern immer auch als ein Zurechtfinden in der Welt und ein Mitgestalten der Welt.

Lernen ist somit auch Neuschöpfung von Welt, ist ein komplexes Geschehen. Es ist nicht allein Wissen und Kennen, es ist Fühlen und Ausdruck, soziales Verhalten und essenzielle Kompetenz, politische Verantwortung, künstlerisches und ästhetisches Gestalten, ist Tanzen und Theaterspielen – kurzum: Es ist mehr als Reden und Nachdenken.

Lernen erschließt sich auch im Spiel, im Gesang, im Ritual und in der Performance. In diesem Sinne bedeutet christliche Religion: Überlieferung und biblische Verheißung gemeinsam mit anderen im Umgang mit dem Alltäglichen zu gestalten und dem Überpersönlichen in Ritual, Gesang, Gebet oder Aktion Ausdruck zu verleihen – eben Kirche zu sein und immer wieder neu zu werden.

## Die Sprache des Glaubens

*„In welchem Film sind wir gerade?"*

Es ist kurz nach Ostern, wir haben über die Bedeutung des Osterfestes gesprochen. „Die Auferstehung gibt es doch gar nicht, warum redet die Kirche nur dauernd davon? Glauben Sie daran?", werde ich gefragt. „Damit wir uns richtig verstehen, müssen wir zuerst klären, in welchem Film wir gerade sind", antworte ich. – „Wieso Film? Dass Jesus nicht auferstanden ist, ist eine Tatsache!", antwortet Martin.

„Lasst es mich so erklären: Ihr kennt alle den Film *Titanic,* diese beeindruckende Liebesszene am Schluss. Die Liebe siegt über den Tod. Nun ist der Film kein Dokumentarfilm. Ein Dokumentarfilm versucht, die Realität möglichst genau abzulichten. Filmreporter drehen an Originalschauplätzen. Sie sind dabei, wenn etwas stattfindet, und versuchen das einzufangen, was geschieht. Sie drehen z. B. Berichte für die Tagesschau. *Titanic* ist eine ganz andere Sorte von Film, ein Liebesfilm, meistens gedreht in Filmstudios. Natürlich kommt in *Titanic* auch Historie vor. Natürlich sind dem Regisseur die Ereignisse um den Untergang der Titanic bekannt. Doch er ge-

---

**1**  Aus diesem Grund wird neuerdings darauf geachtet, dass Unterricht den Erwerb von „Kompetenzen" ermöglichen soll. Es wird danach gefragt, welche Fähigkeiten und Fertigkeiten Lernende erwerben.

staltet all das Material so, dass daraus eine Liebesgeschichte wird. Ob das alles tatsächlich so stattgefunden hat, ist für ihn uninteressant. Die Liebesgeschichte macht den Film erst so richtig schön. Und sie ist wahr, nicht im Sinne des historischen Geschehens, wohl aber als Botschaft im Film. – Wenn Ihr wissen wollt, ob es die Auferstehung wirklich gab, muss ich erst von euch wissen, in welchen Film wir sind: im Dokumentarfilm oder im Liebesfilm. Sind wir in einem Liebensfilm, dann ist die Auferstehung wahr."

Es gibt ganz unterschiedliche Darstellungsformen und Gattungen von Medien: Filme können als Science Fiction, Werbung, Parodie oder Krimi gedreht werden. Filme erfüllen verschiedene Zwecke, sie wollen unterhalten, dokumentieren oder informieren. Das Auseinanderhalten der Darstellungsweisen (Formsprachen) ein und desselben Vorganges ist eine kognitive Leistung. Im ganzheitlich unstrukturierten Prozess des Erlebens allerdings werden alle Eindrücke mit allen Sinnen, durcheinander, selektierend, gleichzeitig differenziert und komplex wahrgenommen.

*Ein Teddy ist mehr als ein Teddy*

Jeder Mensch ist herausgefordert, die Beziehung zwischen dem, was er objektiv wahrnimmt, und dem, was er sich subjektiv vorstellt, für sich zu klären. Innere Realität und äußere Realität getrennt und dennoch miteinander verknüpft zu halten, ist seine lebenslange Aufgabe. Der Kinderpsychologe D. W. Winnicott formuliert das so: Der Mensch „erschafft das Objekt, aber das Objekt war bereits vorher da, um geschaffen und besetzt zu werden." Diese subjektive Deutung ist weder „Illusion noch Halluzination". Sie ist Ort eines „holistischen Realitätsverständnisses", in dem Räume und Zeiten, Situationen und Aktionen, Emotionen und Erleben zusammengebracht werden.[2]

Gleichwohl: Wahrnehmungen und Deutungen sind nicht nur allein das Zusammenbringen von innerer, psychischer Welt und äußerer Realität. Sie sind immer auch mit einem „Mehrwert", mit „Unverfügbarem" angefüllt. Ein Teddy ist nicht nur ein Stofftier. Der Teddy tröstet Julia. Er beschützt sie beim Einschlafen und hört zu, wenn sie ihm Geschichten erzählt. Vom Teddy geht eine Wirkkraft aus. – Ein Komponist wird von einer Vogelstimme inspiriert, die Atmosphäre im Fußballstadion setzt bei der einheimischen Mannschaft ungeahnte Kräfte frei. Mit „Inspiration" oder „Atmosphäre" beschreiben wir Energien, die „transsubjektiv" existieren und zugleich Subjekte räum-

---

**2** *D. W. Winnicott,* Vom Spiel zur Kreativität, Stuttgart 1997, S. 104. Winnicott spricht in diesem Zusammenhang vom „intermediären Raum". Siehe dazu auch: *L. Teckemeyer,* Lernen in Szenen, Neukirch-Vluyn 2004, S. 118 ff.

lich und leiblich, psychisch und physisch beeinflussen können.[3] Gerade im Kontext religiös geprägter Wahrnehmung ist es wichtig, mit solchen Wirkkräften zu rechnen.

Es ist etwas anderes, ob meine Hände „sauber" oder „rein" sind. „Sauber" ist ein Wort aus der Realwelt, es bedeutet, meine Hände sind nicht schmutzig. „Rein" ist primär ein Wort der religiösen Sprache. Mein Herz ist „rein", ebenso mein Gewissen. „Rein" meint vor allem die Abwesenheit von Schuld. Wenn in der Waschmittelwerbung ein Produkt angepriesen wird, dass nicht nur sauber, sondern rein wäscht, dann sorgt es sogleich für das gute Gewissen der Hausfrau mit. Ein religiöser Mehrwert wird beim Kauf garantiert.

Kulturwissenschaftler nennen solche transsubjektiven Wirkkräfte und -räume das „kollektiv Imaginäre". Gemeint sind damit Überzeugungen und mediale Rahmenbedingungen, die es möglich machen, eigene historische Wirkungsmacht zu entwickeln. Nur so kann sich überhaupt kulturelle Kontinuität entfalten. Traditionen, Überzeugungen, Sprache und Schrift, Erinnerungen und gemeinsame Erfahrungen werden zur „Triebkraft kollektiver Prozesse".

Das „kollektiv Imaginäre" bleibt nicht verborgen, es will sichtbar werden. Es zeigt sich in Ritualen, Institutionen, Museen oder Gedenkstätten und anderen kulturellen Errungenschaften, aber auch in destruktiven Prozessen wie Kriegen oder Pogromen.[4] Die Kraft des „kollektiv Imaginären" lässt sich auch im Sport beobachten: „Elf Freunde müsst ihr sein" ist zwar eine abgedroschene Floskel aus dem Fußballermilieu, aber macht immer wieder deutlich, wie Willenskraft und Begeisterung unglaubliche Kräfte in einer Mannschaft freisetzen können. Das nationale „Wir-Gefühl" macht vor keiner Weltmeisterschaft halt und wird zur Bedrohung, wenn Ausländerhass geschürt wird. Und das Wort „rein" hat in der deutschen Geschichte im Antisemitismus eine unheilvolle Rolle gespielt.

*„Ich kann mir den Gottesdienst doch auch im Fernsehen anschauen."*

Kurz vor dem Reformationstag fragt René: „Stimmt es, dass wir schulfrei bekommen, wenn wir Donnerstag zur Kirche gehen?" – „Natürlich bekommt ihr schulfrei, aber nur dann, wenn ihr zur Kirche geht", lautet meine Antwort. „Aber ich vermute, es geht euch um einen freien Tag, nicht so sehr um den Gottesdienstbesuch." – „Och, man kann sich doch auch einen Gottesdienst im Fernsehen anschauen. Da liegt man im Bett und kriegt doch alles mit.", antwortet Matthias altklug. „Nein, nein!", gebe ich ihm zu bedenken, „Das geht nicht. Du musst schon persönlich in

---

**3**  Vgl. *M. Josuttis,* Religion als Handwerk, Gütersloh 2002, S. 79.
**4**  *Chr. von Braun,* Versuch über den Schwindel, Zürich, München ohne Jahrgang, S.255 ff.

die Kirche gehen, um am Gottesdienst teilzunehmen. Wenn du im Bett liegst und dir im Fernseher anschaust, wie sich jemand duscht, dann wirst du auch nicht nass. Wenn du dir im Fernsehen einen Gottesdienst anschaust, dann liegst du im Bett und bist nicht in der Kirche. Du bist dann Fernsehzuschauer." – „Können wir nun frei bekommen?", will Marc endlich wissen.

Räume bestimmen unsere Wahrnehmung. Dass sich der Raum einer Duschkabine von dem eines Bettes unterscheidet, leuchtet den Schülern sofort ein. Der Unterschied wird leiblich erfahren. Im Bett umgibt mich eine wohlige Wärme, unter der Dusche werde ich nass. Einen Wechsel der mich umgebenden Elemente erlebe ich beim Sprung in ein Schwimmbecken. Im und unter Wasser herrschen andere Bedingungen als unter freiem Himmel.

Jeder Raum verlangt eine andere Verhaltensform und andere Bewegungsfertigkeiten. Räume prägen meine Wahrnehmung. Unterschiedliche Orts- und Zeiträume haben eine unterschiedliche Wirkung auf meinen Leibraum, so auch religiöse Räume. Ich besuche einen Gottesdienst. Hier herrscht eine andere Atmosphäre, hier gelten besondere Sprachformen, hier rechne ich mit Gottesbegegnung, hier herrscht ein „anderer Geist".

Durch Religion geprägte Erfahrungsräume lösen Leiberfahrungen aus. Jeder Raum, ob der Wald oder ein Kirchenraum, wirkt körperlich auf meinen Leib. Zugleich bin ich nie neutral in einem Raum. Ich gestalte durch mein leibliches Sein im Raum und durch mein Handeln den Raum mit. Ich stehe in Korrespondenz mit ihm. Meine Teilnahme an einem religiös geprägten Raum ist nicht nur die „innere" Beteiligung oder „innere" Gestimmtheit. Die Teilnahme geschieht real leiblich. Gottesdienste sind leibliches Geschehen.

Schon das Hineingehen in eine Kirche ist körperliche Aktion. Selbst dort, wo leibliche Mitbeteiligung nur durch Hören geschieht, wird die Gemeinde durch Gottes Wort angesprochen, angerührt, begeistert, bewegt oder gelangweilt – alles Ausdrücke, die auf die leibliche Dimension der Interaktion hinweisen. Es geht also nicht nur um den kognitiven Prozess des Verstehens. Die Gemeinde feiert den Gottesdienst. Feiern ist mehr als Sitzen und Zuhören, ist mehr als innere Beteiligung. Wer sich eine Abendmahlsfeier nur anschaut, aber Brot und Wein nicht schmeckt, nimmt nicht am Abendmahl teil. Feiern ist aktives körperliches Mitgestalten.

*Wie „heiliges" Licht entsteht*

Übergangsobjekte sind hilfreich, um leibliches Erleben zu verstärken. Mit ihnen wird eine reale „als-ob-Welt" gestaltet. Ob Osterkerze, Altar, Antependien, liturgische

Farben, Bilder oder Kreuzesdarstellungen, aber auch die Kargheit einer reformierten Kirche, sie alle repräsentieren Inhalte religiöser Überzeugungen. Sie fördern die Imagination. Mit und an ihnen ist leibliche „Mehrwert-Erfahrung" möglich. Wir sprechen liturgische Formeln. Wir bereiten uns vor und rechnen mit der Möglichkeit, dass sich die Wirklichkeit des Heiligen, von der gesprochen wird, ereignen kann.

Kirchengebäude sind Gottes Häuser. Sie werden bewusst als solche gestaltet: Das profane Licht der Realwelt wird verwandelt in „heiliges" Licht, indem es durch die farbig gestalteten Heiligenbilder oder durch die Christusgeschichten der Kirchenfenster hindurchscheint. Das normale Licht wird verwandelt in „Gottes Licht".

Schon der Weg zur Kirche wird bewusst oder unbewusst zur Inszenierung. Der Gang über den Friedhof – um viele Dorfkirchen noch heute zu finden – ist der Gang durch die Realwelt, in der alles, was lebt, vom Tod geprägt ist, ob Pflanzen, Tiere oder Menschen, alles ist sterblich. Beim Betreten des Kirchenraumes werde ich – dort, wo die Kirchen geostet sind – orientiert. Ob ich will oder nicht, ich muss beim Betreten der Kirche Richtung Osten gehen. Ich werde zum Licht hin, zum Orient hin, zur Auferstehung Christi hin ausgerichtet. Die Auferstehung wird zum Zeitpunkt der aufgehenden Sonne (im Osten) terminiert. Der Gottesdienstbesucher betritt den Raum des „ewigen Lebens".

Anders, als er in den Raum hineingegangen ist, verlässt er ihn, zumindest als jemand, der dabei gewesen und gesegnet worden ist, vielleicht als jemand, der Zuspruch erfahren hat. Wandlung ist möglich. Sinnvoll ist eine bewusste Gestaltung des Ortswechsels von der Realwelt in den Kirchenraum. Wir bereiten uns vor, nicht nur innerlich, auch äußerlich. Wir ziehen uns um, achten auf Kollektengeld und Gesangbuch. Wir werden still. Eine Kirche unterscheidet sich von einem Fast-Food-Restaurant oder dem Warteraum eines Bahnhofs. „Ohne Trennungsarbeit bleibt man dem Alltagshorizont verhaftet."[5]

## Gott ist gegenwärtig

Im Gottesdienst wird Alltägliches so oder so zum nichtalltäglichen Ereignis, weil ihm ein transzendenter Wert zugemessen wird. „Göttliches" ist dabei nicht nur einfach ein Gefühl; die Glaubenden rechnen bei der Feier des Gottesdienstes mit der Gegenwart Gottes. Warum sonst sollten sie Gott im Gebet anreden? Mit der Eröffnungsformel des Gottesdienstes: „Im Namen des Vaters, des Sohnes und des Heiligen Geistes" und im Beschluss: „Gehet hin im Frieden des Herrn" wird ein Raum markiert, in dem der Gottesdienst stattfindet. Dort, wo Religion Gestalt gewinnt, dort

---

**5** *M. Josuttis,* Der Weg in das Leben, 2. Aufl., Gütersloh 1991, S. 102.

kommt es zu einer Begegnung zwischen Atmosphären, zwischen „überirdischen und irdischen Größen"[6], da gerät etwas in Bewegung, in Fluss. Da rechnen wir mit dem „Flow". In Meditationen, Gebeten oder im Gottesdienst – aber auch sonst – kann sich solch eine Begegnung realisieren.

„Freilich gehört es zu den fundamentalen Einsichten … dass alles menschliche Verhalten in diesem Bereich von äußerst begrenzter Wirkungskraft ist. Man muss etwas tun in jenem Bereich des Lebens, in dem per definitionem kein Mensch etwas tun kann. Wenn es im Kult um die Begegnung mit göttlicher Allmacht geht, dann zählen alle liturgischen Verhaltensabläufe zum Potenzial menschlicher Ohnmacht … *Du hast keine Chance, aber nutze sie.*" Agenden werden entworfen, Rituale werden vollzogen immer in der Erwartung, „dass sich in, mit und unter menschlichen Verhalten göttliches Handeln vollziehen wird."[7] Aber sicher ist man sich nie.

*Was ich sage, wird wirklich – Performative Sprechakte und Handlungen*

Beim Gebetsruf „Herr, erbarme dich!" wird durch den Sprechakt Gott in einzigartiger Weise gegenwärtig und existent. Der Ruf des Beters konstituiert und proklamiert das, was er ausspricht. Hans-Martin Gutmann spricht in diesem Zusammenhang von einer „wirklichkeitsschaffenden Wirksamkeit".[8] Die liturgische Sprache geschieht als performativer Sprechakt und entfaltet eine Kraft aus sich selbst heraus, mehr als die Beteiligten jemals selbst zustande bringen könnten. Dem performativen Sprechakt gleich schaffen auch die liturgischen Handlungen Wirklichkeit. Durch das Handauflegen wird der Konfirmand gesegnet. Ehepaare sind erst – wie viele sagen – nach dem Ringwechsel „richtig" verheiratet.

Die Wirklichkeit schaffende Kraft der Sprache machen sich die anonymen Alkoholiker zu Eigen. Berichtet auf deren Treffen ein Alkoholiker von seiner Krankheit, leitet er seine Schilderung mit den Worten ein: „Ich heiße N (Vorname). Ich bin Alkoholiker. Ich …" Die Bekenntnisformel „Ich bin" ist eine aktuelle Beschreibung der Krankheit, sie wird als Vorzeichen den weiteren Ausführungen vorangestellt. Der Schauspieler Bruno Ganz erzählt in einem Interview, wie wichtig für ihn als Alkoholiker der Satz „Ich bin Alkoholiker!" ist. Er hat ihm seinen Krankheitszustand in seiner ganzen existentiellen Tiefe bewusst gemacht und ist zugleich Leben erhaltende Kraft in seinem ganz persönlichen Kampf gegen den Alkohol. „Wenn man diesen Satz sagt, dann begreift man, dass man besiegt ist." Bruno Ganz unterstreicht die

---

**6** *M. Josuttis,* Religion als Handwerk, S. 67.

**7** *M. Josuttis,* Der Weg in das Leben, S. 104.

**8** *H.-M. Gutmann,* Die Ambivalenz der Unterscheidung von gut und böse. In: Gott dem Herrn Dank sagen. Festschrift für Gerhard Heintze, Wuppertal 2002, S. 493–504.

Bedeutung des Präsens. „Nicht „ich war", sondern das „Ich bin" rettet mich davor, zu einem Glas Wein zu greifen." Und er ergänzt: „Weder medizinische Erkenntnisse und Aufklärung über die Wirkung von Alkohol, noch ganz persönliche, körperliche Zusammenbrüche haben bei mir die Wende eingeleitet, allein dieser kleine Satz der anonymen Alkoholiker hat mein Leben geändert." Die Formel hat für ihn eine stärkende und heilende Kraft.[9]

Performative Handlungen bestimmen unser alltägliches Leben mehr als wir uns oft bewusst machen. Im Gerichtssaal wird Recht im „Namen des Volkes" gesprochen, obwohl „das Volk", aus der Perspektive der Realwelt betrachtet, gar nicht anwesend ist. Das Urteil ist trotzdem rechtskräftig. Im Theater erleben wir die Welt des Schauspieles. Wenn Hamlet den König tötet, ruft niemand die Polizei, alle wissen: Im Drama herrschen andere Gesetze als in der Realwelt. Im Theater werden wir in die Antike, in den Himmel oder in die Unterwelt gelockt. Wenn der Vorhang fällt, ist das Spiel beendet. Fernsehfilme entführen uns mit einem Traumschiff in die Karibik oder zu einer inszenierten Ritterschlacht. Dort, wo zu Beginn und am Ende einer Mahlzeit ein Tischgebet gesprochen wird, dort geschieht das Essen unter einem anderen Vorzeichen, als beim schnellen Snack im Drive-In-Fastfood-Restaurant.

Also: „Glauben Sie an die Auferstehung?" – „Kommt ganz darauf an. In welchen Wahrnehmungsraum wir sind." Dort, wo Religion gelernt wird, sollten wir uns bewusst machen, in welchen Wahrnehmungs-, Sprach- und Deutungsräumen wir sind. Dort, wo es etwas zu klären gibt, beobachten wir genau und benutzen die beschreibende Sprache. Begeisternde Ausrufe, die Klage oder das nachdenkliche Wort brauchen ihren je spezifischen Ausdruck. In der Sprache, im Gesang und in der Musik, in den Ritualen der Religion proklamieren wir mehr, als wir nach naturwissenschaftlichen Kriterien feststellen können. Sie sind genauso wahr und wirklich wie die Gravitationskräfte oder der Magnetismus … es kommt darauf an, in welchem „Film" wir sind.

# Performativer Religionsunterricht

*Die Performance*

Noch einmal: Dort, wo Religion praktiziert wird, bringt sie das zustande, was sie sagt. Beim Singen des Liedes „Gott ist gegenwärtig" ist für die Sänger und die Sängerinnen Gott in einzigartiger Weise gegenwärtig und existent. Wäre das nicht der Fall, müsste

**9**  In Bio's Boulevard, ARD, am 29.10.02 um 23.00 Uhr.

ein aufmerksamer Beobachter des Gesanges feststellen, die Akteure glaubten selbst nicht, was sie singen. Die gesungenen Worte konstituieren und proklamieren das, was gesungen wird. Sie schaffen im Augenblick des Singens aus ihrer Sicht Wirklichkeit.

Glaubenssprache und liturgische Abläufe sind Sprech-, Sing-, Bet-, und Handlungsakte, die ihre Kraft aus sich selbst heraus entfalten, mehr als die Beteiligten aus sich selbst jemals zustande bringen könnten. Bei dem Lied „Gott ist gegenwärtig" entsteht durch und in der Form des Gesangs – durch die „Performation" („in" und „durch" die „Form"; lateinisch: „per formam") – religiöse Wirklichkeit.

Die Frage ist: Wo darf und soll dies eigentlich geschehen? Im Gottesdienst gewiss, beim Gebet, bei einer Meditation oder Andacht – aber kann es auch Grundlage für den kirchlichen Unterricht oder gar für den Religionsunterricht sein?

Der Begriff „Performative Religionspädagogik" taucht erstmals 2002 in der Zeitschrift „Religionsunterricht an höheren Schulen" (rhs) auf. Ausgangspunkt ist die Beobachtung, dass der schulische Religionsunterricht nicht mehr damit rechnen kann, dass Schüler und Schülerinnen religiös (insbesondere: kirchlich) sozialisiert und erzogen sind. „Wie kann Religionsunterricht gestaltet werden, wenn bei den Schülerinnen und Schülern, aber auch bei vielen Lehrerinnen und Lehrern regelmäßige Primärerfahrungen mit christlicher Religion, oder was man sich darunter vorstellt, nicht mehr unbedingt vorausgesetzt werden können?"

War bislang die Religionspädagogik vorwiegend so konzipiert, dass im Religionsunterricht über gelebte und selbst erlebte Religion nachgedacht wird, so ist dies nun schwieriger geworden, wenn derartige Erlebnisse und Erfahrungen kaum noch gemacht werden. Besonders deutlich wird dies offenbar in der Begegnung mit Schülerinnen und Schülern anderer Religionen empfunden. Diese scheinen von ihrer Religion mehr und Konkreteres zu wissen als die christlichen, besonders die protestantischen Schülerinnen und Schüler.[10]

Mit der Forderung nach einer performativen Religionsdidaktik soll vor allem ein „erfahrungsöffnendes Lernen" ermöglicht werden, das „handlungsorientiert" ausgerichtet ist. Die neue unterrichtliche Gestaltung soll „experimentelle Zugänge" eröffnen und „eine performative Erschließung speziell christlich-kirchlichen Glaubens" zum Ziel haben.[11]

Anregungen für solch einen performativen Ansatz liefern besonders Erfahrungen aus der Theater-, Tanz- und Musikszene des 20. Jahrhunderts. Im Bereich des Jazz

---

**10**   Englert, Rudolf, Performativer Religionsunterricht!? in: rhs 45, 2002, S. 32–36.

**11**   *H. Schoeter-Wittke, Wege zu Gott gestalten, Wegmarken einer performativen Religionspädagogik,* Vortag auf dem 3. Göttinger Tag der Religionspädagogik am 17.11.2005.

entsteht die Partitur erst im Vollzug der Aufführung, durch die Performance. Beim Impro-Theater entsteht das „Rollenheft" im Spiel, im improvisierenden Tanztheater entwickelt sich die Darbietung während des Tanzes. Natürlich wird dabei Bekanntes aufgenommen – niemand fängt bei „Null" an – es wird aber in der Performance verändert und für den Augenblick neu gestaltet.

Die Erkenntnisse der Rezeptionsästhetik zeigen, dass selbst jede Wiederholung ein „produktives Aufnehmen" einer Vorgabe oder eines Vorganges ist. Wie der Prozess der In-Gebrauch-Nahme einer Vorgabe ausgeht, ist in jeder Hinsicht offen.[12] Das, was gelernt wird, ist vor allem auch Angelegenheit der Rezipienten. Zugleich geht die Tradition, das Überlieferte, durch den Rezipienten hindurch und erfüllt ihn von innen.[13]

Umfangreiche Anregungen für einen performativen Ansatz liefert auch – sowohl theoretisch als auch für die praktische Gestaltung von Unterrichtsprozessen – das Psychodrama.[14] Bei diesem Ansatz wird Religion im Lernprozess entdeckt und kreativ bearbeitet, eine Einübung in genormte Vorstellungen steht dabei nicht im Vordergrund, wohl aber die Entdeckung von Religion im Kontext von Handlungsabläufen und in ihrer Relevanz für die aktuelle Lebensgestaltung der agierenden Personen.

Performative Religionsdidaktik setzt durch Handlungen, Rituale, Spiel und Sprache Religion immer wieder neu in Szene. Durch die Bestimmtheit religiöser Handlungen und Sprache bekommt die Unbestimmtheit einer Situation religiöse Bedeutung. Gestaltete Religion bringt über das Sichtbare hinaus den „Mehr"-wert eines Ereignisses zum Ausdruck. Das geschieht nicht durch Erklärungen, es geschieht durch und in der Form (Performance). In der Handlung erschließt sich das, „was" der Inhalt der Religion ist. Performatives Lernen ist also nicht Mittel zum Zweck, es schafft im „Hantieren" mit Religion Wirklichkeit.

In der Form, im Akt des Vollzuges, ereignet sich Religion. Dabei geht es im Augenblick der Aktion um „Neugestalten" von Religion. Wenn das in Spielen und Projekten ausprobiert wird, dann ist das nicht nur „Spielerei", sondern ernsthafte Arbeit. „Unterricht ist ein Spiel auf der Bühne und zugleich reales Leben."[15] In jedem Spiel wird immer auch der Ernstfall des Lebens erprobt. Und, das weiß jeder, der Kindern beim Spiel zuschaut: Jedes Spiel ist im Augenblick des Spiels todernst.

---

**12** *K. Petzold,* Kreatives Gestalten, in: *G. Bitter* u. a. (Hrsg.), Neues Handbuch religionspädagogischer Grundbegriffe, München 2002, S. 503.

**13** Vgl. *Chr. v. Braun,* Versuch über den Schwindel, Zürich, München ohne Jahrgang, S.76.

**14** siehe hierzu: *L. Teckemeyer,* Lernen in Szenen, Neukirchen-Vluyn, 2004.

**15** *D. Zilleßen,* Performative Didaktik, Theo-Web, Zeitschrift für Religionspädagogik 8, 2009. S. 124.

*Wahrnehmungen*

F. Buer unterscheidet in seinem Entwurf einer Pädagogik zwischen „präsentativer" und „diskursiver Symbolik". „Die diskursive Symbolik umfasst die Sprache, die linear Sinngehalt generiert." Die elaborierteste Form dieser Symbolik ist die Wissenschaftssprache.

Buer verweist jedoch darauf, dass viele Sinngehalte sich nicht angemessen sprachlich ausdrücken lassen, vor allem ästhetische, religiöse, existenzielle Erfahrungen. Sie finden ihren Ausdruck in künstlerischen „Präsentationen" (Bildern, Skulpturen, Architektur, Musik, Tanz, Theateraufführungen, metaphorischen Dichtungen...) und rituellen Praktiken (Zeremonien, Riten, magischen Handlungen ...).

Mit der präsentativen Symbolik drücken wir das aus, was sich sprachlich und damit auch kognitiv nicht fassen und sagen lässt, denn logisches Denken und Erfassen ist sprachlich strukturiert.[16] Die präsentative Symbolik ist das, was in anderen Zusammenhängen „performative Didaktik" – speziell für den religionspädagogischen Bereich „performative Religionsdidaktik" – genannt wird.[17]

Dabei ist performatives Lernen keineswegs frei von kognitiven Lernprozessen. Doch sie geschehen oft anders als für normale Lernprozesse geplant. Sie geschehen im Kontext „szenischen Lernens". Wer je einen Tanzkurs besucht hat, weiß, was damit gemeint ist. Da erklärt der Tanzlehrer oft sehr viel, doch erst im Vormachen der Schritte und der Tanzhaltung einerseits und im Nachahmen der Bewegungen durch die Schüler und Schülerinnen andererseits wird ein Tanz eingeübt. Erst im Vollzug des Tanzens – in der Handlung – entwickelt sich zugleich ein Verständnis für Rhythmen, Musik und Bewegungsabläufe.

Das meiste, was wir in unserer Motorik machen, geschieht unbewusst. Wenn ein guter Pianist am Klavier ein Stück perfekt spielt, wird er wahrscheinlich hinterher nicht genau sagen können, weshalb das so war. Viele Hirnleistungen, die wir erbringen, sind nicht wirklich überlegt. Szenisches Lernen ist ein produktives „Durcheinander" von Wahrnehmen, Verstehen, Ausprobieren, Gestalten, Reflektieren und Reagieren.

*Lernbewegungen*

Um Religion zu verstehen, darf ich nicht „stehen bleiben", schon gar nicht „sitzen bleiben" – solch ein Blickwinkel ist begrenzt, engt ein. Religion Lernen und Reflektie-

---

**16** *F. Buer*, Zur Theorie psychodramatischer Bildungsarbeit, in Th. Wittinger (Hg.), Psychodrama in der Bildungsarbeit, Mainz 2000, 173 ff.

**17** Vgl. auch *L. Teckemeyer*, Lernen in Szenen, Wege des Lernens Bd. 12, Neukirchen-Vluyn 2005, S. 76 ff.

ren setzt das Unerwartete, das Überraschende, den Perspektivwechsel, im wahrsten Sinnes des Wortes die „Lern-Bewegung" voraus. Nur so kann es zur Klärung eines Standpunktes kommen. Dort, wo unsere festen Vorstellungen in Bewegung geraten, beginnen wir, Positionen zu hinterfragen und Ungewöhnliches wahrzunehmen. Wir haben feste Bilder im Kopf. Links ist links und rechts ist rechts. Der Nordpol ist oben, der Südpol unten. Doch was ist, wenn wir alles umdrehen und uns alles von einer anderen Warte aus anschauen? Dann steht die Welt auf dem Kopf! Dann ist Europa unten und Südafrika ist oben. Wer die Perspektive wechselt, lernt dazu.

Ich schlage eine Übung vor:

Zwei Personen stehen nebeneinander. Ich behaupte: „Person A versteht Person B nicht, weil Person A im wahrsten Sinne des Wortes einen anderen Standpunkt hat als Person B. – Beide stehen auf ihrem Platz. A versteht B nicht und B versteht A nicht, weil sie beide ganz verschiedene Dinge wahrnehmen. Beide schauen sich die Welt aus ihrer jeweiligen Perspektive an."

Nun wechseln die Personen ihre Plätze. A steht dort, wo B stand, und umgekehrt. „Nun versteht A die Person B, weil sie ihren Standpunkt eingenommen hat und sich aus deren Perspektive die Umgebung anschaut." Der Person B geht es genauso, auch sie hat ja einen Positionswechsel vorgenommen. Eine andere Person zu verstehen, gelingt durch Bewegung und nicht durch Beharren und Stehenbleiben.

Elementar für die Performative Religionsdidaktik ist, dass wir bei der Gestaltung von Religion immer auch unsere gewohnten Denk- und Sichtweisen verlassen. So ist die Sprache der Religion weniger beschreibende oder reflektierende Ausdrucksform, sondern vor allem auch performativer Sprechakt. Der Sprechakt des Glaubens ist umfassend und körperorientiert, ist Ausdruck des Leibes und der Seele, des ganzen „Gemütes".

Die Kompetenz für das körperliche Agieren steckt nicht nur „im Kopf", sie steckt im ganzen Körper, in den Beinen, den Armen, den Händen, in der Atmung, in Bewegungsabläufen und in der Koordinierung der einzelnen Körperteile.[18] Je kontinuierlicher und differenzierter ich meinen Leib in Gebrauch nehme, umso besser kann ich mich mit ihm ausdrücken. Dafür braucht es Übung. Auch religiöse Praxis muss eingeübt werden wie Turnübungen. Ein Fußballspieler, der nicht fleißig trainiert (den Ball stoppen, Flanken schlagen, Passspiel, Zweikämpfe, Sprints, Ausdauertraining),

---

18  Vgl. dazu *B. Waldenfels,* Das leibliche Selbst, Frankfurt a. M. 2000, besonders S. 152 ff.

sondern seine Zeit mit dem Erwerb von Kenntnissen über das Fußballspielen verbringt, wird vom Trainer in der Regel nicht aufgestellt.

*Verstehen*

Das bedeutet nicht, den Verstand abzuschalten. Auch beim Fußballtraining ist Taktiklehre unverzichtbar. Beschreiben, Analysieren, Klären und „Nach"-denken haben ihren besonderen Platz im „Da-nach", auch wenn alles immer schon im Prozess stattfindet und Handeln und Reflektieren eine „Gemengelage" bilden. Kognitives Lernen bringt die Dinge auf den Punkt. Religiöse Handlungen mit Vernunft und Verstand zu bedenken, dient der Wahrnehmungserweiterung, der Klärung und der Korrektur, der Kontrolle, überhaupt der Reflexion von Religion. „Wahrnehmung von Religion erfordert Verständigungsprozesse und den immer wieder neuen Blick: Re-Vision."[19]

„Näfäsch" ist das hebräische Wort für Seele, aber auch für Kehle. Näfesch steht für Ein- und Ausatmen, für das Leben schlechthin. Es ist ein unter die Haut gehendes Erlebnis, wenn Orientalinnen bei einer Hochzeit die Braut begrüßen und dabei in Freudenjubel ausbrechen. Sie stoßen hohe Töne aus und schlagen dabei mit der Hand an die Kehle. Es entsteht ein merkwürdiges Trällern. In lautmalerischer Weise wird das Trällern auf Hebräisch zum „Halle". „Hallelu" ist die Aufforderung zum Trällern, Jodeln. Wenn nun Gott bejubelt wird, dann entsteht das Wort hallelu-ja (ja von „Jahwe").

„Lobe den Herrn meine Seele" lässt sich auch übersetzen mit den Worten „Lobe den Herrn, meine Kehle".[20] Die Seele wird nicht vom Leib getrennt. Sie ist leiblich im Rachenraum anzusiedeln. Hier findet Atmung statt und Sprache. An diesem Ort beginnt unmittelbar nach der Geburt das Leben. Hier mache ich vor meinem Tod den letzten Atemzug. Der aus Staub vom Ackerboden genommene, von Gott geschaffene Mensch wird erst zum lebendigen Menschen, weil Gott ihn beatmet. Näfäsch, Seele, Kehle – das ist bis heute der leibliche Ort, an dem ich mich äußere und sprachlich mit anderen und mit Gott in Beziehung trete. Das ist der Ort, an dem sich Leben entscheidet.

Das Ritual des Schächtens ist deshalb für Juden und Muslime von großer Bedeutung. Nur Gott darf die Seele, das Leben, das er gegeben hat, auch nehmen, nur ein von Gott beauftragter Mensch darf eine Schlachtung vornehmen. Das Beispiel zeigt eindrücklich: Leiblichkeit und religiöse Ausdrucksformen hängen unmittelbar zusammen, sie lassen sich nicht voneinander trennen.

---

**19** *D. Zilleßen,* Performative Didaktik, Theo-Web, Zeitschrift für Religionspädagogik 8, 2009. S. 121.
**20** Vgl. *S. Schroer u. Th. Staubli,* Die Körpersymbolik der Bibel, Darmstadt 1998, S. 61 ff.

*Lehrpersonen*

Von den Lehrpersonen wird im Kontext einer performativen Didaktik eine besondere Haltung verlangt. Sie sind mehr Hebammen und Geburtshelfer bei Lernprozessen als Alles-Wissende und Vorausplaner. Sie bestimmen nicht allein den Verlauf des Lernprozesses, an ihm sind die Lernenden gleichermaßen mitbestimmend beteiligt. Sie arrangieren Verfahren, in denen die Lernenden sich selbsttätig einbringen können. Und noch ein Zweites gilt: Lehrpersonen müssen mit Formen der gelebten Religion vertraut sein.

Sie müssen wissen, dass die Schöpfungsgeschichte nach Genesis 1 keine wissenschaftliche Theorie über die Entstehung der Erde ist, sondern ein Loblied. Sie sollten Kenntnisse über die Grundstruktur eines Gottesdienstes haben, ebenso im Bereich der Kirchenpädagogik. Sie müssen die Orte kennen, an denen gelebte Religion gestaltet wird. Religion Lernen ist mehr und Anderes als das Wissen um Dogmatik und Satzwahrheit oder das Fürwahrhalten von Glaubenssätzen. Religion ist Feier, ist Begegnung, ist Engagement, ist Zweifel und Selbstvergewisserung, ist die Spannung zwischen Hoffnungslosigkeit und Zuversicht, zwischen Unstimmigkeiten und Jubel, Leere und erfülltem Sein, Religion ist benennen Können, ist Widerspruch. Beteiligung und Distanzierung gehören dazu. Religion berührt, bewegt, stößt ab, stellt in Frage, tröstet und gibt Hoffnung. Religion bestimmt unsere Lebenshaltung. Man kann sie sich nicht vom Leibe halten. Und: Religion Lernen ist ein sozialer Prozess. Lehrende und Lernende entwickeln Pläne, verwerfen sie, stellen Vorhaben in Frage und gehen gemeinsam Projekte an.

Weil Religiosität auch Lebensstil und Haltung ist, wird sie nicht zuletzt von Schülern und Schülerinnen an den Lehrpersonen abgelesen. Lehrpersonen sollten deshalb von Religion und Religiosität etwas wissen, sie sollten vor allem die Wirkkraft von Religion kennen. Damit ist nicht zuerst die institutionell kirchlich verwaltete Religion gemeint. Religion geschieht im Alltag, ohne dass Pfarrer dabei sind. An Segenshandlungen, die nicht nur zur Taufe oder im Gottesdienst praktiziert werden – es gibt sie auch zu Geburtstagen, zu Neujahr oder vor Fußballspielen – können wir entdecken, wie Religion wirkt. Wer z. B. seine Mutter zum Geburtstag besucht, aber keine Glückwünsche ausspricht, der wird sehr schnell erfahren: Auf diesem Besuch „ruht kein Segen". Für Religion Verständnis und ein Gespür zu haben, gelingt am besten, wenn ich sie auch praktiziere. Denn die nächste Gretchenfrage kommt gewiss: „Glauben Sie wirklich daran?"

# Die Bausteine

# A Religion ins Bild setzen

Augsburg 1530. Vor dem Reichstag zu Augsburg wird über die evangelische Sache verhandelt. Martin Luther befindet sich zu seinem eigenen Schutz auf der Feste Coburg. Sein Freund Veit Dietrich ist sein Begleiter. In einem Brief an Melanchthon beschwert er sich über Luther. „Kein Tag vergeht, ohne dass er nicht wenigstens drei Stunden, und noch dazu solche, die zum Arbeiten am geeignetsten sind, zum Beten verwendet." Melanchthon kennt die Haltung des Reformators. Auf der Beerdigung Luthers sagt er in seiner Ansprache: „Er nahm sich nämlich eine bestimmte Zeit, um irgendwelche Psalmen zu sprechen, denen er seine Bitten seufzend und weinend beimischte."

Luther hat diese tägliche Praxis des Gebets und der Meditation im Augustinerkloster in Erfurt gelernt. Das tägliche Beten kann als Prozess zwischen Tentatio (Anfechtung) und Meditatio (Gottes zugesprochenes Wort) verstanden werden. „Anfechtung" ist die Erfahrung des täglichen Lebens, alles, „was ein Menschenleben von außen und von innen schwer macht, alle Widerwertigkeiten des Leibes und der Seele, mit denen ein Mensch zu kämpfen hat." – Die „Meditatio" kann als Zuspruch Gottes durch sein Wort gedeutet werden.

Für diesen Zuspruch ist die Auseinandersetzung mit der Lebenswirklichkeit notwendige Voraussetzung. Wenn äußere und innere Bedrängnis den Menschen belasten, dann ist er auf den Zuspruch Gottes angewiesen. Luther hat sich dieses Zuspruchs durch lautes wiederholtes Sprechen eines Bibelwortes vergewissert. Beten war für ihn ein aktives körperliches Geschehen (lautes Sprechen, Weinen, Seufzen, Knien, auch ein körperliches Ringen um richtige Einsichten). Erst wenn Anfechtung und Gottes Zuspruch miteinander ins Gemenge geraten, entsteht für Luther „Oratio", das Gebet und damit Lebensklärung.[21]

Vom Gebet spricht man dort, wo der Mensch seine Gedanken und vor allem sein Herz Gott öffnet. Gebet ist nicht nur lautes Denken, sondern Interaktion. Ziel der Gebetspraxis ist für Luther „die tröstliche Erfahrung der Nähe Gottes mitten in der Anfechtung". Die Anfechtung wird umso intensiver erfahren, wenn deutlich wird, dass das eigene Verhalten keinesfalls dem entspricht, wie es der mir „von Gott zugewandten Güte eigentlich entsprochen hätte."[22]

---

**21** Vgl. *M. Nicol,* Spiritualität als Lernelement, Hannover 1986, 66 ff.

**22** ebd.

Immer wieder – und nicht nur im Gebet – hat Martin Luther die Leben bedrohenden Mächte seiner Zeit benannt: Pest, Seuchen und Türkengefahr. Er prangerte Wucherzins, Herrschaftswahn und Besitzgier an. – Unsere Ängste sind andere geworden: Umweltverschmutzungen, Kriege, Ausbeutung, Naturkatastrophen und Krankheiten. Wo Anfechtung und Zuspruch zusammenkommen, geschieht Glaubenssprache. Diese Erkenntnis nutzen wir und leiten dazu performative Lernprozesse an.

# Kirchenfenster

Alter: ab ca. 10 Jahre

Zeitbedarf: 1 Std. und mehr (Projekt!)

Material: Passepartout **M1**

## Worum es geht

1977 erhielt Johannes Schreiter den Auftrag, Entwürfe für die zu erneuernden Fenster der Heidelberger Heiliggeistkirche auszuarbeiten. Mit Ausnahme eines Probefensters kam es allerdings nie zu einer Ausführung, da sein Entwurfszyklus keine einhellige Zustimmung durch die Kirchenleitung und Gemeindeglieder erfuhr. Drei Entwürfe sind hier abgebildet, das Biologie-, Medizin- und Medienfenster. DNS-Ketten, Börsenberichte, EKG-Aufzeichnungen und Wirtschaftsnachrichten in einer Zeitung sind zu erkennen. Andere Fenster tragen die Titel: „Zwischen den Welten", „Physikalische Erkenntnisse", „Musik" oder „Literatur". Einige Fenster sind an anderen Orten realisiert worden.

*„Biologie"*

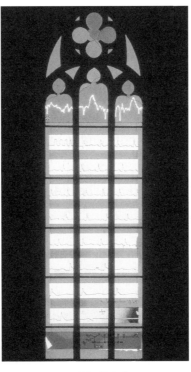

*„Medizin"*

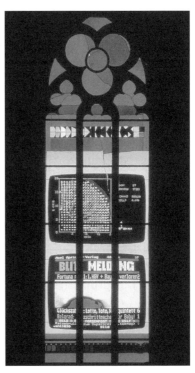

*„Medien"*

An einem Ort, wo wir sonst Heiligen- oder Christusdarstellungen erwarten, die das Licht brechen und es „himmlisch" verwandeln, hat Johannes Schreiter vor mehr als dreißig Jahren Fenster entworfen, die einen Blick in die Gegenwart eröffnen. Gezeigt wird die Dialektik des 20. Jahrhunderts: wissenschaftlicher Fortschritt – als apokalyptische Bedrohung, Kommunikation – als Manipulation, Kultur – als Widerstand und / oder Ergebung. Die Bilder provozieren. Die Frage wird aufgeworfen, ob in einen „heiligen" Ort die Ambivalenzen der Alltagswelt hineinleuchten dürfen. Darf man Anfechtungen, wie unsoziale Geldwirtschaft, atomare Bedrohung oder Vergnügungssucht, in die Kirche hineinholen? Wie sind Alltagswirklichkeit und Verheißung Gottes heute zusammenzubringen?

„Tentatio" und „Meditatio" erlebt der Gottesdienstbesucher beim Betrachten der Fenster; Alltagserfahrungen in einem gotischen Bogenfenster, d. h. einem typischen Kirchenfenster. Durch einen „kirchlichen Rahmen" sieht er die Welt. Die Ambivalenzen der Welt erhalten eine „gottesdienstliche Perspektive". Der Blick durch ein gotisches Kirchenfenster hinaus in die Welt kann zum Beten anstiften.

## Was wir machen

Für die unterrichtliche Praxis verwenden wir die Bilder von Johannes Schreiter als Anregung, selbst Kirchenfenster zu entwerfen. Dafür stellen wir eine Folie mit den Umrissen eines gotischen Kirchenfensters zur Verfügung, ein Passepartout (**M1**).

Das Passepartout wird über Zeitungsausschnitte oder Bilder gelegt. Collagen werden angefertigt. Ein Kirchenfenster wird entworfen.

In einem weiteren Schritt fertigt die Lerngruppe einen „Katalog" zu ihren Kirchenfenstern an. Dafür werden die entstandenen Entwürfe abgebildet, beschrieben und gedeutet. Einfache Fragestellungen wie: „Was sehe ich auf dem Entwurf?" – „Was bedeutet das Bild für uns?" sind dabei hilfreich.

Schließlich suchen sich die Lernenden einen Bibelvers zu je einem Kirchenfensterentwurf aus. Dafür ist es ratsam, nicht die ganze Bibel, sondern eine Sammlung mit Bibelsprüchen zur Verfügung zu stellen.

Sie notieren, was sie empfinden, wenn sie den Bibelvers und den Entwurf ihres Kirchenfensters betrachten. Auch diese Ergebnisse werden im Katalog mit aufgenommen. Der Katalog wird wie die Entwürfe mit Sorgfalt gestaltet.

Abschließend werden die Fenster im Kirchenraum ausgestellt und in einem Gottesdienst gezeigt.

Alter: ab 10 Jahre

Zeitbedarf: 2 bis 6 Std. (Projekt)

Material: Triptychon, Schablonen **M2**, **M3**

## Worum es geht

*Triptychon von Hermann Buß „Wie im Himmel so auf Erden"; zum Download im Internet:*
*www.v-r.de bei der Anzeige des Titels; Benutzername „bausteine", Passwort „evc7ziDa"*
*Foto: Ulrich Ahrensmeier / Evangelisch-lutherisches Landeskirchenamt Hannovers*

1992 hat der Maler Hermann Buß das Triptychon „Wie im Himmel so auf Erden" im Auftrag des evangelischen Missionswerks in Hamburg gestaltet. Es ist ein Erzählbild, auf dem wir Vertrautes und Überraschendes entdecken. Da sind im Hintergrund, quasi als Grundlage des Bildes, die ersten Kapitel der Bibel zu sehen; die bekannte bebilderte Fassung von Schnorr von Carolsfeld (Dresden 1860) diente als Vorlage.

Die linke Bildtafel zeigt uns in leuchtenden Farben einen Computerchip auf klarem blauem Himmel, darunter einen Radarschirm mit Fadenkreuz. Ganz unten vertrocknen Pflanzen im Wüstensand.

Auf der rechte Tafel grölen Skinheads mit aschfahlen Gesichtern eine Frau mit hellem Kopftuch an. Sie schwenken eine gelbe Fahne. Rechts unten steht wie verloren ein Kind. Am linken Rand dieser Tafel sehen wir einen Sänger, im Hintergrund verkohlte Balkenreste. Ein Schwarm Wildgänse fliegt am Himmel.

Der Himmel auf der mittleren Tafel ist voller grauer Wolken. Ein Bungee-Jumper dominiert die obere Bildhälfte. Menschen unterschiedlicher Generationen im unteren Teil stehen kontaktlos nebeneinander. Eine Leiter, Priggen, ein Poller, eine Gangway, eine Schiffsantenne stehen wahllos zwischen den Menschen. Mitten unter ihnen ein nackter Mann mit einer goldenen Krone. Ganz vorn steht ein Mann im roten Purpurmantel, dem Betrachter den Rücken zuwendend. Die Bildunterschrift „Wie im Himmel so auf Erden" mutet fragend an.

Das Triptychon gleicht einem Fenster, durch das wir collagenartig Eindrücke unserer Welt wahrnehmen. Zugleich ist auch die Bibel, hier in die Schöpfungsgeschichte, hineingemalt.[23]

## Was wir machen

Im Kontext performativen Religionsunterrichtes ist es reizvoll, das Bild als Anregung für eine künstlerische Neuproduktion zu nutzen. Wir machen das Gegenüber von „Welt" und „Bibel" für den unterrichtlichen Prozess fruchtbar. Die Lernenden erhalten als Vorlage den Rahmen des Triptychons (**M2**).

Ähnlich wie bei dem Bild von Hermann Buß kleben die Schülerinnen und Schüler über den Rahmen kopierte Verse aus der Schöpfungsgeschichte auf. Auf den unteren Teil des Rahmens notieren sie die Worte aus der Unser-Vater-Bitte „wie im Himmel so auf Erden". Die drei Tafeln des Triptychons werden aber von der Lerngruppe gestaltet (Collage, Zeichnung o. ä.). Der Arbeitsauftrag lautet: „Gestaltet das Triptychon als einen *Blick in die Welt*. Stellt euch vor, ihr schaut durch ein Fenster. Malt, was ihr vor eurem inneren Auge seht."

Um die Auseinandersetzung mit den Bibeltexten zu provozieren, erhalten die Lernenden den Umriss einer Person von hinten (**M3**), die vor der mittleren Tafel aufgeklebt wird, mit der Arbeitsanweisung: „Stellt euch vor, diese Person steht vor euerm Bild. Sie kann die Bibelverse oberhalb des „Fensters" lesen, ebenso die Worte

---

**23** Es liegt auch eine Meditation zu dem Bild vor, siehe *L. Teckemeyer* „Wie im Himmel so auf Erden", in: D. Diederichs-Gottschalk u. a. Treibgut. Grundlose Bilder von Herrmann Buß, Regensburg 2000, S. 41 ff.

auf dem unteren Rahmen: *wie im Himmel so auf Erden*. Was denkt diese Person? Schreibt die Gedanken auf. Ihr könnt sie auch als Denkblase gestalten."

Die Arbeitsergebnisse können dabei ganz unterschiedlich ausfallen. Lobeshymnen auf die Schöpfung können genauso entstehen wie klagende Aussagen.

Die Ergebnisse können in einem Gottesdienst vorgestellt werden. Sie können mit dem Original verglichen werden.

# Konfirmandenaltar

Alter; ab 12
Zeitbedarf: mindestens 8 Std., Projekt
Material: Leinwände, Rahmen. Abtönfarben und Pinsel

## Um was geht es?

Das Wort Altar stammt aus dem Lateinischen: Es ist eine Zusammensetzung aus den Worten „alta" und „ara". „alta" hat die Bedeutung „hoch", ara bezeichnet den Ort des kultischen Opfers. Hier geschieht die Verwandlung des Opfers zur Gabe für die empfangenden Götter, den empfangenden Gott. Zugleich ist der Altar der Ort der Epiphanie, der göttlichen Gegenwart.

Dem Volk Israel sind Altäre nicht fremd, schon in der Urgeschichte werden sie erwähnt. Der erste Mord im Alten Testament steht im Zusammenhang mit einer Opferhandlung am Altar (Kain und Abel). Nach der Rettung aus der Sintflut baut Noah einen Altar. An ihm wird der Bund zwischen Noah und Gott geschlossen.

In Israel entstehen Altäre (Schlachtopferstätten) an von Gott legitimierten Stellen (Ex 20,24). Mit dem Tempelbau erhält der Altar einen festen Ort.

Das Christentum der ersten beiden Jahrhunderte kannte keinen Altar. Zwar war für die Feier des Herrenmahls ein Tisch nötig, dieser hatte aber keine „heilige" Bedeutung. Er entsprach den üblichen Esstischen im Römerreich. Erst mit der Entwicklung des Opfergedankens in Verbindung mit dem Abendmahl wird der Tisch zu einem Opfertisch (2. u. 3. Jahrhundert).

Die wachsenden Gemeinden brauchten für ihre Gottesdienste mehr Platz. Sie trafen sich in öffentlichen Versammlungshallen – „Basilika" genannt. In der Basilika wurden normalerweise behördliche Dinge geregelt. Eine Dienstschranke trennte die Amtsträger vom Volk. Der „basileus", der Repräsentant eines Landes- oder Staatsbereiches, nahm Platz in einem Sessel, der an einem Amtstisch stand. Sessel und Tisch wurden in den christlichen Gemeinden von den „epi-skopoi" (aufsichtführenden Ältesten) benutzt. Der hohe Tisch – nicht gleichzusetzen mit dem niedrigen Haustisch – hatte hoheitliche, legislative Funktion. Nach und nach wurde aus dem Amtstisch der Altar, aus dem Sessel der Bischofsstuhl und aus dem „Amtsraum" der Chor.

Später wurden im Altar Reliquien aufbewahrt, ebenso Messgewänder und Abendmahlsgeräte. Im 13. Jahrhundert entstanden die ersten geschnitzten und bemalten Flügelaltäre. Sie konnten je nach liturgischer Situation durch Auf- und Zuklappen des Altaraufsatzes verwandelt werden.

Nach der Reformation verschwanden aus den reformierten Kirchen die Altäre. Lediglich ein Abendmahlstisch (ein einfacher Esstisch) blieb übrig. In den lutherischen Kirchen verblieben die Altäre. Es entstand aber auch die neue Form des Altars: der Kanzelaltar. Oberhalb des Altartisches wurde die Kanzel eingebaut. Die Zusammengehörigkeit von Wort und Sakrament sollte so betont werden.

Wie die religionsgeschichtliche Beschreibung zeigt, ist der Altar der Ort, an dem Gottesbegegnung möglich ist. Hier finden Gottesverehrung, Anbetung, Segnung, Ordination und heiliges Mahl statt. Die meisten dieser religiösen Handlungen werden bis heute auch in christlichen Gottesdiensten (nicht in reformierten Kirchen) am Altar vollzogen.

Altäre werden beschriftet, mit Reliefen oder Bildern versehen, um der versammelten Gemeinde den Ort der Präsenz Gottes im Gotteshaus zu zeigen. Dort, wo z. B. die Geschichte des Gottessohnes dargestellt ist, ist Gott anzutreffen. Dort, wo sein Wort geschrieben steht, ist er gegenwärtig. Die Gestalt, der Ort und die Ausschmückung des Altars haben die Aufgabe, seine religiöse Funktion zu unterstützen. Das Kruzifix erinnert an die Leidensgeschichte Christi, genauso die Passionsgeschichte, die wir auf vielen Altaraufsätzen dargestellt finden.

Reliquienschreine zeigen an, dass „Konkretes", Körperteile, Kleidungsstücke oder andere Teile von wichtigen Gegenständen aus dem Leben von Heiligen oder Christus selbst, im Altar verortet sind. Im liturgischen Vollzug wird die Heilsgeschichte Gottes mit den Menschen gegenwärtig, wird Gott persönlich angesprochen, ist er beim Abendmahl präsent.

In dem Projekt Konfirmandenaltar wird der Versuch unternommen, Konfirmanden und Konfirmandinnen Altarbilder gestalten zu lassen, die dann zu einem großen Altarbild zusammengesetzt werden.

## Was wir machen

„Wie könnte Jesus aussehen?", lautet die zentrale Frage, als am Schluss des Projektes eine Jesusfigur auf das Bild gebracht werden soll. „Soll er möglichst historisch dargestellt werden oder ist er einer von uns?" – „Ist Jesus allein auf dem Bild zu sehen oder sind Menschen bei ihm?" – „Welchen Gesichtsausdruck hat er?" – „Welche Kleidung trägt Jesus?" Schließlich einigt sich die Gruppe darauf, folgendes Bild zu malen:

Zum Bild schreiben sie: „Auf dem Bild in der Mitte ist Christus dargestellt. Er ist nur von hinten zu sehen. Wir wissen nicht, wie sein Gesicht aussieht. Er steht vor einem Kreuz, auf dem Menschen zu sehen sind. Sie schauen auf Jesus Christus. Sie stehen im Kreuz und bilden eine Gemeinschaft mit ihm. Wie Christus gegenwärtig ist, zeigen die vier Symbole um das Kreuz herum: Einmal ist dort die Bibel zu sehen. In ihr wird von Jesus Christus erzählt. Dann haben wir eine betende Frau gemalt. Im Gebet denken wir an Jesus und an Gott. Das dritte Symbol ist eine Kirche. Dort treffen sich Menschen, die an Christus glauben. Mit Brot und Wein haben wir das Abendmahl dargestellt. Im Abendmahl ist Christus in unserer Gemeinschaft. Jesus gibt uns

Brot und Wein. Er hilft uns in guten und schlechten Zeiten. Jesus wurde gekreuzigt. Er hat gelitten, er musste sterben. Glück und Leid hat er erlebt, wie wir Menschen. Weil er ein Mensch war, versteht er uns."

Seit mehreren Konfirmandenstunden hat sich die Konfirmandengruppe mit dem zweiten Artikel des Glaubensbekenntnisses beschäftigt. Im Mittelpunkt stehen die Verben der „Biografie" Jesu: empfangen, geboren, gelitten, gekreuzigt, gestorben, begraben, hinabgestiegen, auferstanden, aufgefahren, wird richten.

Geschichten aus der Bibel zu diesen Worten, eigene Erfahrungen und Ereignisse aus unserer Zeit werden „zusammengebracht". Beim Stichwort „gekreuzigt" wird die Passionsgeschichte Jesu erzählt. Die Konfirmanden und Konfirmandinnen können davon berichten, wie Lebenswege durchkreuzt werden können. Unerwartet geschieht ein Unfall, eine Scheidung zerbricht das vermeintliche Familienglück.

Zum Abschluss entsteht ein Bild (1,00 x 0,70 m groß, gemalt mit Abtönfarben auf Leinen, der auf einen Holzrahmen gespannt ist). Biblische Aussagen und eigene Erfahrungen werden mit Farbe und Pinsel zusammengebracht. Das Bild ist ein Gemeinschaftswerk, bis zu vier Konfirmanden beteiligen sich an der Gestaltung.

Bei unserer Planung der Unterrichtseinheit gehen wir davon aus, dass die Schlüsselwörter aus dem zweiten Artikel des Credo – die Verben – im Aneignungsprozess der Konfirmandinnen und Konfirmanden eine Eigendynamik entwickeln und „sich selbst predigen". Sie brauchen nicht die erklärenden Bemühungen der Unterrichtenden, um verstanden zu werden. Konfirmandinnen und Konfirmanden hören und gestalten sie unmittelbar. Sie nehmen Wörter des Glaubensbekenntnisses in Gebrauch. Sie bringen sie mit biblischen Geschichten sowie eigenen Lebenserfahrungen in Verbindung. Eine „Gemengelage" zwischen biblischer Tradition und alltäglichem Leben entsteht.

Da das Malen der Bilder in Gruppenarbeit geschieht, wird der Kommunikationsprozess untereinander gefördert. Miteinander zu reden und sich auszutauschen hilft, Dinge zu klären, eigene Meinungen zu relativieren und nach gemeinsamen Überzeugungen zu suchen, macht Wörter der Tradition verständlich und bringt sie neu zum Klingen. Die Lehrperson achtet darauf, dass biblische Tradition im Kontext der heutigen Erfahrungswelt betrachtet wird. Motivierend für alle ist das gemeinsame Ziel: Ein Altarbild für die Kirche soll gestaltet werden.

Bei diesem Prozess entsteht Konfirmandentheologie – z.B. zum Bild „hinabgestiegen". Die Jugendlichen schreiben: „Auf dem Bild sieht man eine große grüne Fläche, eine Wiese. Sie wird durch einen Spalt, der sich aufgetan hat, aufgerissen. Es ist der Weg in die Unterwelt. Unterwelt ist nicht einfach die Hölle oder das Totenreich. Es ist wie ein Erdbeben. Das uns Vertraute wird auseinandergerissen. Da tut sich unter uns die Erde auf. An verschiedenen Orten der Welt erleben Menschen das öfter.

Von Jesus heißt es, dass er gekreuzigt wurde. Dann ist er in das Reich des Todes hinabgestiegen und stand danach wieder auf. Er ist durch die Hölle gegangen. Hölle ist ein anderes Wort für Totenreich. Im Totenreich ist nichts lebendig. Alles ist kalt und starr. Wir können uns nicht vorstellen, dass es nach einer Kreuzigung noch schlimmer kommt. Aber die Leblosigkeit der Hölle muss wohl grausam sein.

Manche sagen: Das ist die Hölle auf Erden. Sie meinen damit das Schlimmste, das man sich überhaupt vorstellen kann, den Super-super-Gau. Jesus ist in das Todesreich abgestiegen. Ihm ist nichts erspart geblieben. Auch wir müssen lernen, mit dem Tod umzugehen."

Alle Bilder werden zu einem großen Altarbild zusammengefügt. Dabei können die Einzelbilder (das Jesusbild sowie die Bilder zu den bis zu zehn Schlüsselwörtern) unterschiedlich angeordnet werden. Hier ein Beispiel:

Wie die Anordnung der Bilder aussieht, wird von den KonfirmandInnen entschieden. Fragen werden diskutiert: An welcher Stelle soll das Jesusbild angebracht werden? Welche Bilder gehören nach oben, welche nach unten?

Dort, wo nicht ausreichend Platz in einer Kirche für das Anbringen des Gesamtbildes ist, können die Bilder auch in Sinne eines Kreuzweges aufgehängt werden.

In einem Gottesdienst wird das Altarbild der Gemeinde vorgestellt und in Gebrauch genommen: Vor dem Bild werden Fürbitten gesprochen, wird Abendmahl gefeiert. Eine Konfirmandin erklärt: „Das Altarbild will von Jesu erzählen. Es soll dabei helfen, mit Gott ins Gespräch zu kommen und danach zu fragen, was für unser Leben wichtig ist. Es soll unserem Leben Orientierung geben."

Falls gegenüber einem Altar Vorbehalte bestehen (ref. Kirchengemeinden) ist es möglich, auch ein Hungertuch als Grundlage für einen Bilderzyklus anzufertigen. Denkbar sind auch Kreuzwegstationen.

Es lassen sich auch Schlüsselwörter aus anderen Texten gestalten, z. B. zu Psalm 23, den Seligpreisungen oder zu den Zehn Geboten.

Alter: ab 10 Jahre
Zeitbedarf: 1 Std. bis 4 Std.
Material: Ton, Schablonen (**M4**)

## Um was geht es

Wenn in der Antike ein Geschäft besiegelt wurde, dann nahm man ein Tonplättchen zur Hand, auf dem ein Siegel zu sehen war: ein Wappen oder Initialen. Geschäftspartner fassten das Siegel gemeinsam an und zerbrachen es in zwei Hälften. Jeder Geschäftspartner bekam ein Teil des Tonplättchens. Mit diesem Akt war der Handel rechtskräftig. Wurde dann der bei einem griechischen Winzer gekaufte Wein in Rom ausgeliefert, musste der Spediteur das Siegelteil des Verkäufers mitbringen und dem Käufer vorlegen. Passten beide Stücke zusammen, hatte der Spediteur die Sicherheit, beim richtigen Käufer eingetroffen zu sein. Der römische Kaufmann wusste, dass ihm auch tatsächlich der von ihm georderte Wein ausgeliefert wurde.

Entscheidend bei solch einer Art des Kaufvertrags sind die Bruchkanten der Tontafel. Sie sind Beglaubigungszeichen. Sie sind sicherer als eine Unterschrift. Auseinandergebrochenes passt beim Zusammenfügen genau zusammen. Wer je mit Ton gearbeitet hat, der weiß auch, dass es unmöglich ist, eine Bruchkante zu kopieren.

Wo Bruchstücke zusammenkommen, entsteht ein Ganzes. Dort, wo solche Tonteile zusammengefügt werden, heißt das auf Griechisch „symbalein". Wir kennen das davon abgeleitete Fremdwort „Symbol", das „Zusammengeworfene".. Die griechische Vorsilbe „sym" steht für „zusammen". In dem Wort „balein" entdecken wir das deutsche Wort „Ball".

Der Gegenbegriff zum griechischen Wort „symbalein" ist „diabalein", auf Deutsch „auseinanderreißen". Der „Diabolos", der Diabolisches anrichtet, ist also der Auseinanderreißer oder der Vereinzeler. Dort, wo „diabalein" geschieht, sind teuflische Mächte am Werk. Wo „symbalein" passiert, da entsteht Gemeinschaft, Ganzes.

Wenn wir das Abendmahl feiern oder ein Kind taufen, dann sprechen wir von einem Sakrament. Wir nennen diese Feiern aber auch ein Symbol. Ein „Zusammenwerfen" von Gott und Mensch geschieht. Bei diesen Feiern glauben wir, dass Gott dabei ist. Er gibt seinen Teil dazu, mit ihm halten wir Gemeinschaft. Bei all dem, was wir sind und tun, haben wir nur einen Teil, unseren Teil in der Hand, aber vollkommen werden wir durch das zweite Teilstück. Das hat Gott in der Hand.

## Was wir machen

Mit Hilfe eines Linolschnittes lässt sich ein Model oder Stempel anfertigten. Solch ein Werkstück ist nötig, um Tonsiegel herzustellen. In frische Tonplättchen werden mit dem Stempel oder Model Symbole eingedrückt. Auf ihnen werden christliche Motive dargestellt: ein Schiff (Siegelzeichen der Evangelisch Reformierten Kirche in Deutschland, aber auch der Ökumene) oder ein Christusmonogramm. **(M4)**

Die einfachen Christusmonogramme haben den Vorteil, dass sie auch in die Tonplatten mit einem spitzen Gegenstand eingeritzt werden können (es müssen also keine Linolschnitte hergestellt werden). Die Tonplättchen sollten entweder nur getrocknet oder auf maximal 600 Grad gebrannt werden, da sie sich sonst – werden sie mit höheren Temperaturen erhitzt – nicht brechen lassen.

*„Symbalein" im Unterricht oder Gottesdienst*

Wir üben das „Zusammenwerfen": Zwei oder drei Personen zerbrechen ein Symbol aus Ton so, dass jede/r ein Stück des Ganzen erhält. Gegenseitig erkunden die Kleingruppen, was auf ihrem Stück zu sehen ist. Sie beschreiben nur einen Teil des Ganzen. Wie bei einem Puzzle kann man oft nicht erkennen, wie das Gesamtbild ausschaut. Die Teile werden zusammengefügt. Ein Ganzes entsteht. Zu diesem Vorgang wird die Geschichte von Handelsverträgen in der Antike erzählt, Beispiele zu „symbalein" und „diabalein" werden vorgetragen.

„Symbalein" geschieht auch beim Brotbrechen. Miteinander wird ein Brot geteilt. Dazu können Geschichten vom Abendmahl und Passahfest eingebracht werden. Gottes Gegenwart macht uns ganz. Gleiches geschieht beim Symbol „Taufe". Allein kann auch niemand Kirche Jesu Christi sein. Damit der Geist Gottes wirken kann, müssen Bruchstücke, Menschen mit Ecken und Kanten, zusammenkommen.

# A5 Masken

Alter: ab 10 Jahre

Zeitbedarf: 2 Std. und mehr

Material: einfache Tüten, Pappmasché und Farbe

## Um was es geht

Die physikalische Formel „Druck gleich Kraft durch Fläche" kann man – so erklärt Frederic Vester in seinen Buch „Denken, Lernen, Vergessen"[24] – auf vierfache Weise lernen: einmal rein intellektuell anhand der abstrakten Formel: $p = F: A$.

Beim visuellen Lernen wird beobachtet und abgeschaut. Man betrachtet etwa Bilder, auf denen zu sehen ist, dass ein spitzer Nagel schneller in die Wand eindringen kann als ein stumpfer. Warum? Weil der Druck durch die minimale Aufsatzfläche der Nagelspitze größer wird.

Beim akustischen Lernen spielt das miteinander Kommunizieren die wichtigste Rolle. Durch Hören und Sprechen, Erzählen und Erklären, durch den Austausch von Argumenten und Gegenargumenten sowie das Ausräumen von Missverständnissen wird erörtert, welchen Weg man beschreiten sollte, um einen Nagel mit wenig Kraftaufwand in eine Wand zu schlagen.

Der vierte Lernweg geschieht durch Ausprobieren, Fühlen und Anfassen, durch Handlungen und Experimente, er ist also eher haptisch geprägt. Ohne Worte und Bilder lässt sich hierbei die Formel $p = F: A$ begreifen. Mit Hilfe eines Kugelschreibers drücken wir einmal die spitze Mine auf den Handrücken, dann platzieren wir den Druckkopf des Kugelschreibers auf dem Handrücken und drücken ebenfalls die Mine heraus. Beim zweiten Mal ist der Druckschmerz bei weitem geringer. Warum? Weil die Spitze der Kugelschreibermine aufgrund ihrer sehr kleinen Fläche bei gleichem Kraftaufwand den Druck stark erhöht.

Bei der trinitarischen Formel „Gott gleich Vater, Sohn und Heiliger Geist" handelt es sich um eine Formel, die meistens abstrakt gelernt wird. Christen feiern Gottesdienste und Andachten „im Namen des Vaters, des Sohnes und des Heiligen Geistes", mit der gleichen Formel bekennen sie ihren Glauben. Im Bekenntnis von Nicäa wurde nach langen theologischen Debatten diese Formel für die Beschreibung von

---

**24** *Frederic Vester,* Denken, Lernen, Vergessen, Stuttgart 1975.

Gott gefunden. In der Trinitätslehre kann es dabei nicht um die Anbetung drei verschiedener Götter gehen, vielmehr wird der Glaube an den einen Gott unterstrichen: Der eine Gott existiert in drei Personen, griechisch „hypobtasis", lateinisch „persona", was auch als „Maske" übersetzt werden kann. Der eine Gott offenbart sich als der Vater (Schöpfergott), als der Sohn und der Heilige Geist.

Die Trinitätsformel kann man durch Nachsprechen und Wiederholungen auswendig lernen, wahrscheinlich werden die wenigsten sie dann begriffen haben. Man kann versuchen, die Glaubensformel durch akustische und optische Verfahren zu erklären. Eine Münze hat schließlich zwei Seiten mit je unterschiedlichen Prägungen. Sie bleibt aber trotzdem ein und dieselbe Münze. Bei der haptischen Erschließung der Formel wird es schwierig. Wie soll man Gottes Trinität begreifen?

Für solch ein Verfahren kann das Wort „per-sonare" weiterhelfen. Die Herkunft des Begriffes „Person" erinnert an die Praxis griechischer Theateraufführungen. Schauspieler trugen beim Spiel Masken. So konnte ein und derselbe Schauspieler verschiedene Rollen verkörpern. Per-sonare wird übersetzt mit „hindurch tönen", „hindurch singen": „durch die Maske hindurch sprechen". Trotz verschiedener Masken bleibt der Schauspieler derselbe. Frei übertragen auf die Trinitätslehre heißt das: Ein und derselbe Gott wirkt, klingt, spricht in der Rolle des Vaters, des Sohnes und des Heiligen Geistes.

## Was wir machen

Um die Trinitätsformel begreiflich zu gestalten, fertigen die Lernenden Masken an. Die einfachste Grundform dafür ist ein Din-A4-Blatt. Für die Augen und den Mund werden drei Löcher herausgeschnitten oder gerissen. An den vier Ecken wird das Blatt schräg eingeschnitten. Die Schnittstellen werden abschließend zusammengezogen und verklebt oder zusammengetackert.

Aufwendiger sind Masken aus Pappmaché. Über einen Riesenluftballon (etwa 1 Meter Durchmesser in aufgeblasenem Zustand), der als Modell benutzt wird, kann aus Pappmaché eine große Kugel entstehen. Diese wird in drei Felder aufgeteilt, auf denen drei Personenmasken gestaltet werden. Die Lerngruppe gestaltet diese Felder zu folgenden Themenfeldern: „Schöpfung" (Gott klingt in der Schöpfung, erste Artikel des Credos), „Jesus" (Gott offenbart sich im Sohn – zweiter Artikel des Credos) und zum Thema „Gemeinde" (Gottes Geist wirkt in der Gemeinschaft der Heiligen – dritter Artikel). Die Arbeitsanweisungen lauten jeweils: „Überlegt, wo und wie Gott eurer Meinung nach in der Schöpfung / durch Jesus / in der Gemeinschaft der Heiligen, der Gemeinde, sichtbar werden kann. Dazu können die Masken mit Farben, Bildausschnitten, mit Tusche, Zeichenstiften als Bild oder Collage gestaltet werden."

In einem weiteren Arbeitsschritt wird nach Texten gesucht, die durch die Masken hindurchgesprochen oder gesungen werden können (z. B. Lieder, Bibelverse oder eigene Texte. Gesangbücher und Textsammlungen, Bibelstellen und Bibelverssammlungen können dabei eine Hilfe sein).

Die Ergebnisse werden in einem Gottesdienst vorgestellt.

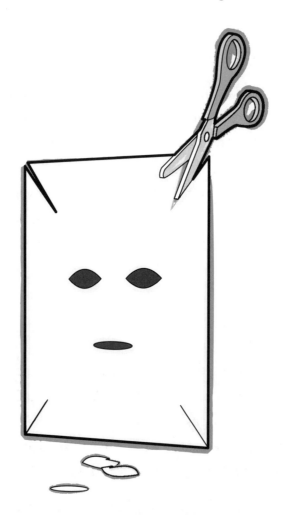

Christus in unserer Welt

Alter: ab 10

Zeitbedarf: 4 Std. und mehr

Material: Bild, Vorlage **M5**, Passepartout zum Abdecken von Bildteilen

## Um was es geht

© Foto: Ulrich Ahrensmeier / Evangelisch-lutherisches Landeskirchenamt Hannovers;
zum Download im Internet: www.v-r.de bei der Anzeige des Titels;
Benutzername „bausteine", Passwort „evc7ziDa"

Das „Lateinamerikakreuz" mit dem Titel „1592–1992, was gibt es da zu feiern?"
wurde 1992 als Plakat für das Evangelische Missionswerk (EMW) in Hamburg gemalt: Hermann Buß gestaltete es anlässlich der 500-jährige Wiederkehr der Entdeckung Amerikas. Es hat an Aktualität nichts eingebüßt. Das liegt u. a. auch daran,
dass hier ein Vexierbild vorliegt, also ein zweites Bild in dem ursprünglichen ver-

borgen ist. Mit ein wenig Fantasie lässt sich zwischen den Kontinenten anstelle des Atlantischen Ozeans auch ein Christuskopf erkennen. Die bearbeitete Vorlage einer Christusdarstellung von Lukas Cranach in der Stadtkirche in Wittenberg (**M5**) kann dabei eine Sehhilfe sein. Legt man eine Folie dieses Christuskopfes auf das Bild von Herrmann Buß, sind die Umrisse klar zu erkennen, Christuskopf und Ozean ähneln sich. Auch eine dritte Deutung ist möglich: Der Ozean kann als Rauchfahne des brennenden Regenwaldes gedeutet werden.

Das Kreuz aus Brettern und Holzlatten und der Schattenriss hinter dem Kreuz erinnern an die Kreuzigung Christi, die eingezeichneten Schifffahrtslinien und die Segelschiffe an die Ereignisse der Entdeckung Amerikas und an den Beginn einer gnadenlosen Ausbeutungsgeschichte. Die verbrannten Baumstämme sind Zeichen der aktuellen Rodung des Regenwaldes. Das Fass zwischen den Baumstämmen steht für Gift oder Öl, die Skyline für Machtzentralen der Industrieländer.

Hermann Buß verknüpft in seinem Bild Ereignisse aus verschiedenen Zeiten und setzt Kreuz und aktuellen Welthandel, Entdeckung Amerikas und Zerstörung von Naturressourcen, Dornenkrone und Slums in Lateinamerika, gestürzte Inka-Gottheiten und Menschen aus unserer Zeit zusammen ins Bild. Die Gleichzeitigkeit von Christusereignis, Eroberungsgeschichte und aktueller Weltwirtschaft im weltweiten Kontext verschiedener Erdteile und des Atlantischen Ozeans macht aus dem Plakat gegenwärtige Verkündigung von Kreuz, Tod und Auferstehung des Gottessohnes. Das Christusereignis wird zum „Hier und Jetzt". Der Schindacker des Kreuzestodes ist nicht nur historische Erinnerung, er wird mit der Ausbeutungsgeschichte unseres Planeten zusammengesehen. Das Bild predigt.

## Was wir denken

Zwischen Europa, Afrika und Lateinamerika steht ein Kreuz, ein Kreuz aus Brettern und Balken, die an Favelas, an Slums erinnern. Wäschestücke sind aufgespannt, links ein Tuch, auf dem der Eroberer Kolumbus zu erkennen ist.

Rechts auf dem Querbalken ein Bild mit spanischen Segelschiffen, sie sind Symbole für Handel und Ausbeutung, Sklaventransport und Export von billigem Tand und Glasperlen, den Raub unüberschaubarer Goldschätze, den Import von Luxusartikeln – heute für uns alltäglich – wie Kaffee, Bananen, Rindfleisch oder Kakao.

Das Kreuz ist „bodenlos". Ganz unten der brennende Regenwald, letzte Rauchfahnen hier und dort … und mittendrin ein Erdöl- oder Giftmüllfass und beleuchtete

Hochhausfenster. Wie kleine Flammen eines ausgehenden Feuers erscheinen die hellen Fenster der Skyline, wie letzte Glut strahlt die Farbe des Fasses. Der ganze Ozean wird zu einer riesigen, grauen Rauchfahne.

Dann ist da die Frau mit dem Kind. Sie schaut mit verlorenem Blick in die Weite. Wo gibt es Hoffnung? Aus ihrem Hut macht die vor dem Fenster hängende Gaze einen Heiligenschein. Eine Madonnengestalt mit Kind?

Neben den zwei Standbildern indianischer Gottheiten schaut aus dem Fenster ein Inka-Gott. Reste einer zerstörten Kultur! Dem einen Denkmal fehlt der Kopf … und doch gibt er dem Kreuz Halt.

Und mitten in dieser Welt das Kreuz, ja das Antlitz des Gekreuzigten selbst: Der Ozean, die Rauchfahne verbrannter Erde, gleicht dem Schattenbild des Gottes-sohnes.Die Schifffahrtslinien ehemaliger Eroberer werden zur Dornenkrone. Die Kontinente formen das Gesicht.

Jesus wird Mensch. Er ist solidarisch mit denen, die Leiden und in Tränen ersticken, die Hass und Ungerechtigkeit aushalten müssen. Er ist leibhaftig in der Welt der Ar-men und der Mächtigen, in der konkreten Welt politischer Entscheidungen und so-zialer Willkür.

In solch eine Welt hinein hat Lukas Maria eine Verheißung sprechen lassen: „Die Mächtigen stürzt er vom Thron. Den Hungernden gibt er reichlich zu essen und die Reichen schickt er mit leeren Händen fort." (Lk 1,51–56)

Der Christus endet am Kreuz, auf dem Schindacker, und trotzdem ist Hoffnung da. Das Kreuz hält zusammen, was nicht auseinandergerissen werden darf. Mit Christus leben wir in einer Welt. In Christi Namen können wir die Schreie der Armen und Op-fer nicht überhören … können wir nicht so tun, als ginge uns das alles gar nichts an.

Der Name „Jesus Christus" ist keine Illusion, keine metaphysische Formel, schon gar kein frommes Gerede. Der Gottessohn leidet: Vor 2000 Jahren, vor 500 Jahren, heute, überall, wo Menschen geschunden werden. Der Name „Jesus Christus" ist konkrete Hoffnung: Ist Brot und ein Dach über den Kopf, ist Arbeit und Lebensrecht, ist Ge-rechtigkeit, ist Erkennen unserer Schuldverstrickungen und Neuanfang. Wir glauben, dass Jesus „Das Wort des Lebens ist", dass er dort ist, wo sich Menschen angesichts des Leidens in dieser Welt sich an einen Tisch setzen und miteinander teilen.[25]

25   Nach *L. Teckemeyer,* Wie im Himmel so auf Erden, in D. Diederichs-Gottschalk u. a., Treibgut, Regensburg 2001, S. 41 ff.

## Was wir machen

Schon beim ersten Blick auf das Bild entsteht meistens ein lebendiger Kommunikationsprozess zwischen Bild und Lerngruppe. Die Betrachter werden durch die Bildkomposition geradezu aufgefordert, sich zum Bildinhalt zu äußern. Sie stellen Fragen und fangen an zu erzählen. Der konkrete Malstil führt dazu, eigene Eindrücke und Gedanken auszudrücken. Die Betrachter bringen sich in das Bild mit ein. Die Bildsprache des Malers wird zur „Wortsprache" der Interpreten.

Zugleich werden die Bildinhalte zum „Stoff" für neue Lerninhalte. Das Bild provoziert, danach zu fragen, was im Detail auf dem Bild dargestellt wird: „Wer ist die Frau mit dem Kind?" – „Was sind das für Götterstatuen?" „Warum hängt da Wäsche?" – „Was haben die Segelschiffe zu bedeuten?" – „Was sollen die verkohlten Baustämme unten auf dem Bild?"

In einer vertiefenden Runde wird dann nach der Eroberungsgeschichte Lateinamerikas gefragt. Es wird erkundet, wie die Dreiecks-Geschäfte zwischen Europa, Afrika und Lateinamerika abliefen. Aktuelle Probleme eines fairen Handels werden benannt und erkundet.

Mit Hilfe eines Passepartouts können Bildausschnitte betrachtet werden, z. B. die Frau mit Kind. Die verkohlten Stämme, das Fass, die Hochhäuser, die Götterstatuen. Außerdem können die Bildaussagen mit Bibeltexten zusammengebracht werden: Das Christusantlitz, die Rauchfahne und der Ozean mit der Passionsgesichte Jesu (Matthäus 27,30.46–59); die Frau mit dem Kind und das Magnifikat der Marie (Lukas 1,46–56); die verkohlten Baustämme mit den Friedenslied des Jesaja (Jesaja 11,1–2) und die Götterstandbilder mit dem Missionsbefehl (Matthäus 28,16–20).

# B Die Bibel erkunden

„Ich glaube nicht an die Bibelgeschichten", sagt eine christliche sozialisierte Zehnjährige, als ich während einer Pfingstfreizeit zum „Turmbau zu Babel" und zur „Pfingstgeschichte" arbeiten will. Sie weigert sich schlichtweg mitzumachen. Ihr „Problem": Sie hat während ihrer ganzen Grundschulzeit Bibelgeschichten immer nur als Kindergeschichten präsentiert bekommen – nett, harmlos, ein wenig spannend (aber nicht so spannend wie „Ronja Räubertochter", versteht sich). Dazu hat sie gesagt bekommen oder dem Ton der Erwachsenen entnommen, dass diese Geschichten etwas Besonderes seien – heilig – und dass man „an sie glauben" müsse. Schade. Denn nun ist sie „groß" und lehnt Kindergeschichten ab – und das mit dem Glauben hat ihr eh nie eingeleuchtet.

Die Bibel mit ihren wunderbaren Worten und Geschichten hat so viel Potenzial, dass man über Geschichten wie die von Hanna weinen möchte. Zehn Jahre alt erst und schon „abgefüllt" mit allzu verbindlicher, allzu seichter Binsenweisheit?

Statt zu weinen kann man freilich auch versuchen, die Bibel neu attraktiv zu machen: indem man ihr Wesen erkundet, ihre Entstehung, die Kraft ihrer Worte, die Symbolkraft ihrer Bilder. Eben dies ist dem perfomativen Ansatz dieser Ideensammlung angemessen – und so folgen nun verschiedene Bausteine, die genau dazu anregen und verlocken.

Der Unterrichtsraum wird zur Schreibwerkstatt. Die Lerngruppe gestaltet den Prozess der Bibelüberlieferung. Sie übt das Schreiben auf Tontafeln, sie stellt Buchrollen her und beschriftet sie, ebenso wird die Entwicklung von der Schriftrolle zum Buch entdeckt. Über die Sachinformationen hinaus wird in handwerklicher Arbeit erlebt, wie Texte der Bibel durch Aufschreiben gesichert und überliefert wurden.

**Um was es geht**

Über Tausende von Jahren ist die Bibel entstanden. Zunächst wurden Geschichten – Legenden oder Sagen, Gedichte, Gebete, Gesetze und Gebote – mündlich weitergegeben. Nach der Erfindung der Quadratschrift hat Israel wichtige Gesetze auf Tontafeln geschrieben. Danach setzten sich andere Materialien durch. Leder und Papyrus waren leichter, sie waren einfacher zu beschriften und zu lagern. Außerdem zerbrachen sie nicht so schnell. Allerdings waren Tontafeln beständiger.

Auf Tontafeln konnte mit einem spitzen Gegenstand etwas eingraviert werden. Danach wurde der Ton getrocknet und somit haltbar gemacht.

Papyrus konnte mit Feder und Tinte beschrieben werden. Beschriftete Papyrusblätter wurden aneinandergeklebt und danach auf einen Stock gerollt. So entstand eine Buchrolle, meistens einseitig, aber manchmal auch beidseitig beschrieben. In der Regel waren solche Rollen sechs bis zehn Meter lang, es sind aber auch Rollen mit einer Länge von vierzig Metern bekannt. Papyrus verwendete man bis zum siebten Jahrhundert nach Christus.

Einige Jahrhunderte zuvor war der Gebrauch eines anderen Materials üblich geworden: Pergament. Das Wort stammt vom kleinasiatischen Ort Pergamon. Pergament stellte man aus den geschorenen und gegerbten Häuten der Schafe und Ziegen her. Pergament aus Kalbsleder wurde Vellum genannt. Man färbte Vellum oft in Purpurfarbe, um darauf dann mit Gold oder Silber zu schreiben. Verschiedene solcher kostbaren Bibelhandschriften auf Vellum sind bekannt.

Seit dem dritten Jahrhundert nach Christus ist das uns vertraute „Buch" mit Seiten und Buchdeckel in Gebrauch, der Codex. Der Codex entstand, indem Blätter aus Papyrus oder Pergament beidseitig beschrieben und dann wie Blätter eines Buches zusammengefügt wurden. Natürlich musste alles mit der Hand abgeschrieben und gestaltet werden, denn der Buchdruck wurde erst im 15. Jahrhundert erfunden.


## Was wir machen (Vorschlag 1: Tontafeln)

Alter: ab 7 Jahre
Zeitbedarf: Projekt
Material: Ton, Holzplatten Kuchenrolle, spitze Stifte

Eine Tonkugel wird mit Hilfe einer Kuchenrolle zu einer Platte ausgerollt. Ein Stück in der Größe von 10 x 20 cm und 1 cm Dicke wird mit einem Messer ausgeschnitten. Mit einem Bleistift oder einem anderen spitzen Gegensand schreiben die Lernenden eines der zehn Gebote auf die Tonplatte. (Kein Wasser benutzen! Das schmiert. Trockener Tonstaub kann leicht von Kleidung oder Tischen abgeputzt werden.) Der Wortlaut wird in die Tonplatte „eingeprägt", zugleich prägen sich die Lernenden den Text ein. Der Ton wird getrocknet und geschrüht (bei ca. 850 Grad gebrannt), dadurch erhält er eine bessere Festigkeit. Die Lernenden kleben mit einem Spezialkleber (in Baumärkten erhältlich) die erste (Gebot 1 bis 3) und die zweite Tafel (Gebote 4 bis 10) auf eine Holzplatte auf. Die Gebotstafeln werden in einer Truhe (Lade) verwahrt.

Bei diesem handwerklichen Arbeitsprozess erzählt die Lehrperson von der Übereignung des Dekalogs an das Volk Israel. (2 Mose 19 und 20).

Körperlich erleben die Lernenden, wie „schwer" die zehn Gebote sind. Sie haben „kräftig" daran zu tragen.

## Was wir machen (Vorschlag 2: eine Buchrolle)

Alter: ab 7
Zeitaufwand: Projekt
Material: Packpapier, Holzstäbe, Säge, Kleber

Aus einer Rolle Packpapier (in Schreibwarengeschäften in ca. 90 cm Breite und 5 m Länge erhältlich) werden 3 Rollen (ca. 30 cm breit) geschnitten. Die Enden der Rolle werden mit Klebeband an Holzstäben (ca. 40 cm lang) befestigt. Sie stehen je 5 cm ober- und unterhalb der Papierrolle über. Es ist hilfreich, wenn sich je zwei Lernende beim Erstellen einer Rolle unterstützen.

In Einzelarbeit wird die Papierrolle in Seiten eingeteilt. Dabei bewährt sich, die Breite eines DIN-A4-Blattes als Maßeinheit zu verwenden. Gegebenenfalls können dann Kopien in die Buchrolle eingeklebt werden. Um die Buchrolle zusammenzuhalten, werden nach dem Aufrollen die beiden Holzstäbe an der oberen und unteren Seite mit einem Gummiband gesichert.

Die einzelnen Seiten werden mit wichtigen Bibeltexten beschrieben. Dabei wird die Arbeitsweise einer Schreibmanufaktur nachgestellt. Da es weder den Buchdruck noch den Kopierer gab, mussten alle Texte bei der Anfertigung einer Bibel abgeschrieben werden. Die Lernenden sitzen einzeln an Tischen und schreiben Texte aus der Bibel ab. Die Anfangsbuchstaben eines Textes werden verziert. Schönschrift wird geübt. Die Beschriftung erfolgt so, dass beim Beschreiben der ersten Seite der Buchrolle links von einem Holzstab begonnen wird, also die aufgerollte Buchrolle Rechtshänder nicht stört.[26]

Je voller die Schriftrolle wird, desto eher merken die Lernenden, wie umständlich das Auf- und Zusammenrollen ist. Genauso stören die zusammengerollten Rollenteile beim Beschriften der Seiten. Nun kann gezeigt werden, wie man aus einer Rolle ein Buch herstellt.

Dazu ist es nötig, die Buchrolle auszurollen und die Seiten in Ziehharmonikaform zu falten. Klebt man die nicht beschriebenen Flächen zusammen, so entstehen Buchseiten mit Vorder- und Rückseite. (Bitte die Schriftrolle nicht zerschneiden!) Die Innenkanten werden mit einem Tacker zusammengeheftet oder mit Papierkleber zusammengeklebt und dann mit Klebeband an den Holzstäben befestigt. Die Holzstäbe

---

26  Denkbar ist aber auch, dass die Buchrolle als Unterrichtsheft benutzt wird oder als Merkheft und Tagebuch Verwendung findet.

bilden nun den Buchrücken, die Gummibänder halten die Holzstäbe ebenfalls dauerhaft zusammen. Wer möchte, kann auch einen besonderen Buchdeckel gestalten.

Das so entstandene Buch ist wie eine hebräische Bibel aufzuschlagen, die Seiten sind nicht wie üblich von links nach rechts, sondern von rechts nach links aufzuschlagen. Die für uns vertraute Vorderseite bildet die Rückseite.

## Alternative

Die Lerngruppe fertigt ihr eigenes Testament an. Dazu gestaltet jede/r Lernende die erste Seite z. B. mit dem Titel „Das Buch Anne" (Anne ist der Vorname der Lernenden). Ihr Arbeitsauftrag lautet: „Stell dir vor, in sechzig Jahren zeigst du deinen Enkelkindern diese Rolle. Du erzählst ihnen, was dir damals, als du die Rolle beschrieben hast, wichtig gewesen ist. – Schreib ein Testament, in dem du notierst, was dir heute heilig ist und deine Enkel von dir wissen sollen."

Schließlich werden alle Bücher zu einer „Bibliothek" oder Klassen- oder Konfirmandenbibel zusammengeklebt. So wird der Entstehungsprozess der Bibel, die ja aus 66 Büchern zu einzelnen Personen (das Buch Jona, Ruth oder Daniel) und Sammlungen (Psalmen) besteht, plausibel.

## Wie wir die Ergebnisse präsentieren

Das geschieht z. B. in einem Gottesdienst. Die von der Lerngruppe angefertigten Materialien (Tonplatten, Schriftrollen, Codices) werden im Rahmen eines Schüler- oder Konfirmandengottesdienstes präsentiert. Die Lerngruppe berichtet von ihrer Arbeit. Ebenso können Informationen zur Entstehung der Bibel vorgestellt werden.

Im Rahmen dieses Gottesdienstes wird auch die „Lade" mit den Geboten hereingetragen. Ansage: „In den zehn Geboten steckt Gottes Wille. Israel glaubt, dass dort, wo die Lade mit den zehn Geboten (ein Teil der Tora) ist, auch Gott präsent ist. Die Gebote werden in einer Art Schatzkiste aufbewahrt, weil sie der Schatz Israels sind. Schätze muss man schätzen und schützen. Dieser Schatz Israels ist das Fundament, die Grundlage des Gottesglaubens. – Später in Jerusalem hat man um die Lade herum sogar ein riesengroßes Haus gebaut, den Tempel, um Gott selbst eine Behausung zu geben."

Alter: ab 8 Jahre

Zeitbedarf: 2 Std und mehr

Material: Papier, wasserfeste Stifte, Karton, der „wertvoll" aussieht.

Holzstift als „Lesefinger", Kerze, Streichholzer, Schüssel mit Wasser, Bügeleisen, Föhn.

## Worum es geht

Die Textkritik in der historisch-kritischen Forschung fragt nach dem ursprünglichen Wortlaut eines Bibeltextes. Da die Originalhandschriften des biblischen Schrifttums nicht mehr erhalten sind, sind die Forscher dazu gezwungen, auf die ältesten überlieferten Handschriften zurückzugreifen und so dem ursprünglichen Wortlaut möglichst nahe zu kommen. Es gilt die Regel: Je älter die Quelle ist, umso näher ist man am Originaltext. Alte Texte können im Laufe der Zeit brüchig, beschädigt oder unleserlich werden. Aufgabe der Textforschung ist es, auch aus Textfragmenten möglichst einen zusammenhängenden Text herzustellen.

## Was wir machen (Vorschlag 1)

Die Lernenden schreiben bekannte Bibeltexte (z.B. Psalm 23, zehn Gebote, Teile der Schöpfungsgeschichte) auf ein Blatt Papier. Dabei benutzen sie wasserfeste Stifte. Die Texte schreiben sie nur mit Großbuchstaben auf und lassen keine Lücken zwischen den Wortanfängen und -enden. Damit wird der Charakter eines „alten" Textes erzeugt und an hebräische Quadratschrift erinnert. (Das Verfahren kann erschwert werden, wenn auch die Vokale fehlen. So wird deutlich, dass Hebräisch eine Konsonantenschrift ist.) Satzeichen und Absätze gibt es nicht. Als Begründung erklärt die Lehrperson, dass man im Alten Orient so geschrieben hat.

Die Texte werden eingesammelt, behutsam behandelt und anschließend in einen Karton aufbewahrt. Ansage: „Es handelt sich um kostbare Quellen! Sie werden nur bei besonderen Anlässen hervorgeholt und gelesen. Wenn von ihnen vorgelesen wurde, nahm man früher einen Lesefinger zur Hilfe (einen Stock, der wie ein Finger aussah); damit wird verhindert, dass das Papier berührt und beschmutzt wird." Die Szene kann im Unterricht nachvollzogen werden, eine Lesung in einem „besonderen Gottesdienst" wird gestaltet.

Die Lehrperson erzählt, dass bei sorgsamer Pflege die Texte über Jahrhunderte hielten. Doch dann geschah etwas Ungewöhnliches. Zum Beispiel: „Die Bibliothek, in der die Schriftstücke lagerten, wird von Soldaten überfallen. Sie verwüsten alles, auch die Bibeltexte …"

Die Lehrperson unterstreicht ihre Erzählung, indem sie die Texte in die Hand nimmt und zerknüllt. Knickfalten entstehen. „Doch es kommt noch schlimmer!", erzählt sie weiter. „Die Eindringlinge werfen die Texte auf den Boden und treten mit ihren Stiefeln darauf. Es kann nicht verhindert werden, dass sogar Pferde darauf herumtrampeln." (Die Texte werden auf den Boden geworfen und mit den Füßen betreten.) „Die Soldaten legen Feuer, um alles zu vernichten. Einige Blätter fangen an zu brennen, doch Gott sei Dank bekommen die meisten Texte nur kleine Brandstellen." (Mit einer brennenden Kerze werden die Papiere angekokelt.) „Die zerstörten Texte bleiben achtlos liegen. Die Zeit vergeht. Es regnet. In die Ruinen des zerstörten Gebäudes dringt Wasser. Die Texte werden durchnässt." (Die Texte werden in eine Schüssel mit Wasser geworfen und bleiben dort eine Zeitlang liegen.)

„Doch auch das überstehen unsere Texte. Das Wasser versickert, die Textblätter trocknen, weil die Sonne darauf scheint, Wind weht und das Wasser verdunstet." (Ein Föhn trocknet das Papier.) Doch nicht nur Wasser macht unseren Textblättern zu schaffen, auch die heiße Sonne." (Mit einem Bügeleisen werden die Blätter erhitzt und beschädigt.)

„Nach Jahren endlich werden die Textreste in einer Spalte der Ruine von einer archäologischen Forschergruppe gefunden. Ganz vorsichtig werden die ehemals wertvollen Blätter geborgen und in ein wissenschaftliches Institut geschafft, um sie dort zu untersuchen. Es werden Forschungsgruppen gebildet, die die Textblätter entschlüsseln sollen. Die Frage lautet: Was steht auf den Fragmenten?"

Die Lernenden erhalten Textfragmente und untersuchen sie in Gruppen. Sie versuchen herauszufinden, welchen Textinhalt die Papierreste haben und aus welchen Textzusammenhängen sie stammen.

## Was wir machen (Vorschlag 2)

Eine wichtige Aufgabe der Textkritik in der historisch-kritischen Forschung ist die Rekonstruktion eines Textes. Da uns nur Bibelabschriften vorliegen, die fehlerhaft sein können, ist es das Ziel dieser Arbeit, den Bibeltext möglichst in der Form zu rekonstruieren, in der er ursprünglich verfasst wurde, also möglichst alle Abschreibfehler zu entdecken und sie zu korrigieren.

In dieser Übung fungieren die Lernenden als Rekonstrukteure. Ein fehlerhafter Text (**M6**) wird ihnen vorgelegt. Um den Charakter einer alten Quelle nachzugestalten, wird der Text wieder ohne Leer- und Satzzeichen sowie in Großbuchstaben verfasst. Der Arbeitsauftrag lautet: „Versucht, in dieser Textvorlage einen sinnvollen Text zu erkennen. Entdeckt zunächst mögliche Fehler. Dort, wo Mehrfachdeutungen möglich sind, schreibt zuerst die Varianten auf. So kann ein Wort z. B. ‚fein‘, ‚rein‘, ‚mein‘, ‚sein‘, ‚Wein‘, ‚Bein‘, ‚dein‘ oder ‚klein‘ heißen. Wählt dann das Wort aus, das Ihr für das wahrscheinlichste haltet. Schreibt den Text auf, den Ihr für richtig haltet.“

Nach dieser Rekonstruktionsübung erhalten die Lernenden den Bibeltext, wie er heute in einer Übersetzung zu finden ist (**M7**). Der eigene Text und der heutige Bibeltext werden miteinander verglichen. Die Varianten werden diskutiert. So wird gefragt, ob die Buchstabenfolge „TLÖSEN“ „erlösen“. „lösen“ oder „trösten“ bedeutet. Textvarianten sind möglich. Da Gott in dem einen Fall Leidende erlöst und im zweiten Fall Leidende tröstet, wird deutlich, wie wichtig die Arbeit der Textkritik ist. Je nach Lesart wird Gottes Handeln unterschiedlich gedeutet.

Während die meisten Schüler versuchen, möglichst den gesamten Text genau zu erschließen, gibt es auch einige, die großzügige Interpretationen wählen. Sie suchen nur solche Wörter aus, die ihnen plausibel erscheinen und schaffen so ihren eigenen Text, z. B.: „Glücklich sind, die sich durchsetzen. Ihnen gehört das Reich. Wie beneidenswert! Freut euch und jubelt!“ Wichtig ist, auch solche Deutungsmöglichkeiten zuzulassen. Im Streitgespräch muss dann das Für und Wider für solch eine Interpretation erörtert werden.

## B3    Bibellesen

Nach wie vor ist es üblich, bei Trauungen eine Bibel zu schenken, die „Familien-bibel". In den meisten Familien ist sie eher ein Erinnerungsstück. Den Status des „Hausbuches", das Rat, Trost und Lebensorientierung für den Tag anbietet, hat sie längst eingebüsst. Es scheint, als sei die Bibel aus dem Bewusstsein und der Lebens-praxis der meisten Menschen unseres Kulturraumes verschwunden. Neben anderen Gründen mag der Relevanzverlust eine Rolle spielen. Da wird behauptet, das Bibel-lesen sei zu kompliziert, die Texte kämen aus einer „anderen Welt" und aus einer „anderen Zeit" und hätten mit unserer Wirklichkeit nichts zu tun. Die Deutung und das Verstehen der Bibeltexte sei Aufgabe von Fachleuten. Nicht umsonst gäbe es das Theologiestudium, in dem die alt- und neutestamentlichen Wissenschaften einen breiten Raum einnähmen. Das Verstehen biblischer Texte setze Fachwissen voraus.

Zugleich besteht aber auch der Anspruch, dass die biblische Botschaft nicht nur Nachrichten aus der Vergangenheit überliefert, sondern lebendiges „Wort Gottes" ist. Biblische Texte sprechen den Leser in seiner unmittelbaren Lebenssituation an und unterbreiten ihm Angebote für ein gelingendes Leben. Um biblische Aussagen und aktuelle Lebenserfahrungen miteinander zu verknüpfen, schaffen wir für den Lernprozess Schnittstellen zwischen den Erfahrungen der Lernenden und biblischen Aussagen. Beispiele zeigen, wie solche Gemengelagen entstehen können.

Wer etwas liest, schafft ja nichts Neues, er wiederholt nur, was andere formuliert ha-ben. Die Kreativität bei Leseprozessen, so wird behauptet, sei doch sehr eingegrenzt. Gegen das Argument, nur Gängiges und Gewohntes werde wiederholt, spricht die Erkenntnis der Rezeptionsästhetik: Jede Wiederholung ist ein „produktives Auf-nehmen" einer Vorgabe oder eines Vorganges. Wie der Prozess der In-Gebrauch-Nahme einer Konserve ausgeht, ist in jeder Hinsicht offen.[27] Das, „Was" und das „Wie" des Lesens, ist allein Angelegenheit der Rezipienten. Der Grad der Verände-rung ist dabei sehr unterschiedlich, manchmal nur minimal. Doch jede noch so kleine Veränderung ist eine Veränderung und ein kreativer Gestaltungsprozess, der einen Lernprozess einleitet.

---

27  *K. Petzold,* Kreatives Gestalten, in G. Bitter u. a. (Hrsg.), Neues Handbuch religionspädagogischer Grund-begriffe, München 2002, 503.

## Was wir machen (Vorschlag 1: Lesen und betonen)

Alter: ab 10 Jahre
Zeitbedarf: 1 Std.
Material: Bibeltext

Die Wichtigkeit eines Wortes innerhalb eines Satzes wird beim Lesen normalerweise durch dessen Betonung zum Ausdruck gebracht. „Der Herr ist mein Hirte, mir wird nichts mangeln", ist der Wortlaut des Beginns des Psalm 23. Wird das Wort „Herr" betont, so wird dem Hörer deutlich, was dem Vortragenden an diesem Vers hervorhebenswert ist. Denkbar ist auch, dass andere Worte des Satzes betont werden: nichts z.B. oder Hirte, die Worte mein oder mir. Selbst die Betonung des Artikels „der" scheint sinnvoll, wenn Gott von anderen Göttern unterschieden werden soll, also im Sinne von „Der Herr (und kein anderer) ist mein Hirte."

Solche Leseübungen mache ich mit Lerngruppen häufig zu Beginn der Erschließung eines Bibeltextes. Die Arbeitsanweisung lautet: „Sucht euch das Wort aus dem Vers heraus, das ihr besonders betonen möchtet." Die verschiedenen Varianten werden in der Gruppe besprochen, die unterschiedlichen Deutungen des Textes erkennbar. Oft gestalten wir den Satz nach solch einer Leseübung. Die Personen der Lerngruppe unterstreichen das Gelesene mit Gesten und / oder Mimik, bauen ein lebendes Denkmal zu einem Bibelvers, entwickeln kleine Spielszenen oder fertigen eine Collage an.

Spannende Gespräche über die unterschiedlichen Interpretationen schließen sich an. Die Betonungsübung eines Wortes in einem Vers hilft dabei, jedes Wort eines Textes zu schätzen. Es gibt keine zufälligen oder überflüssigen Wörter. Biblische Sprache ist geformte, gestaltete Sprache, über Jahre hindurch tradierte Sprache. Zugleich ist sie immer wieder neu gestaltete Sprache.

## Was wir machen (Vorschlag 2: Szenisches Lesen)

Alter: ab 10 Jahre
Zeitbedarf: 1 Std.
Material: Bibeltext (z.B. Mt 27)

Einen Text mit verteilten Rollen zu lesen, nennt man szenisches Lesen. Biblische Texte werden im Original belassen. Beim Vortrag wird vor allem auf die sprachlichen Besonderheiten des Textes geachtet. Auch bei dieser Übung wird ein Text nicht nur einfach zur Kenntnis genommen, Lesen ist zugleich Deutung. Szenisches Lesen ist besonders gut geeignet, wenn in einem Bibeltext viel wörtliche Rede vorkommt. Neben dem Erzähler können dann direkte Aussagen von verschiedenen Personen gesprochen werden. Dazu finden Sie unten ein Beispiel aus der Passionsgeschichte nach Matthäus 27 unter Verwendung der Verse 12,11b–18,20–31,33–37,46, 50–52a und 54.

Die Text kann auch als Lesung mit drei Sprechern (dort wo „Alle" steht, spricht die Gemeinde) im Gottesdienst vorgetragen werden, z. B. Karfreitag. Rückmeldungen bestätigen, dass es etwas anderes ist, die Worte: „Kreuziget ihn" nur zu hören, als sie selbst auszusprechen.

*Matthäus 27*

| | |
|---|---|
| Sprecher 1: | Am Morgen aber fassten alle Hohepriester und die Ältesten des Volkes den Beschluss über Jesus, ihn zu töten, und sie banden ihn, führten ihn ab und überantworteten ihn dem Stadthalter Pilatus. Jesus aber stand vor dem Stadthalter und der Stadthalter fragte ihn und sprach: |
| Sprecher 2: | Bist du der König der Juden? |
| Sprecher 1: | Jesus aber sprach: |
| Sprecher 3: | Du sagst es. |
| Sprecher 1: | Und als er von den Hohenpriestern und den Ältesten verklagt wurde, antwortete er nichts. Da sprach Pilatus zu ihm: |
| Sprecher 2: | Hörst du nicht, wie hart sie dich verklagen? |
| Sprecher 1: | Und er antwortete ihm nicht auf ein einziges Wort, so dass sich der Statthalter sehr verwunderte. – Zum Fest aber hatte der Stadthalter die Gewohnheit, dem Volk einen Gefangenen loszugeben, welchen sie wollten. Sie hatten aber zu der Zeit einen berüchtigten Gefangenen, der hieß Jesus Barabbas. Und als sie versammelt waren, sprach Pilatus zu ihnen: |
| Sprecher 2: | Welchen wollt ihr? Wen soll ich euch losgeben, Barabbas oder Jesus, von dem gesagt wird, er sei der Christus? |
| Sprecher 1: | Denn er wusste, dass sie ihn aus Neid überantwortet hatten. Aber die Hohenpriester und Ältesten überredeten das Volk, dass sie um Barrabas bitten, Jesus aber umbringen sollten. Da fing der Statthalter an und sprach zu ihnen: |
| Sprecher 2: | Welchen wollt ihr? Wen von den beiden soll ich euch losgeben? |
| Sprecher 1: | Sie sprechen: |
| Alle: | Barabbas! |
| Sprecher 1: | Pilatus sprach zu ihnen: |
| Sprecher 2: | Was soll ich denn machen mit Jesus, von dem gesagt wird, er sei der Christus? |

| | |
|---|---|
| Sprecher 1: | Sie sprechen alle: |
| Gemeinde: | Lass ihn kreuzigen! |
| Sprecher 1: | Er aber sagte: |
| Sprecher 2: | Was hat er denn Böses getan? |
| Sprecher 1: | Sie schrien aber noch mehr: |
| Gemeinde: | Lass ihn kreuzigen! |
| Sprecher 1: | Als aber Pilatus sah, dass er nichts ausrichtete, sondern das Getümmel immer größer wurde, nahm er Wasser und wusch sich die Hände vor dem Volk und sprach: |
| Sprecher 2: | Ich bin unschuldig an seinem Blut, seht ihr zu! |
| Sprecher 1: | Da antwortete das ganze Volk und sprach: |
| Gemeinde: | Sein Blut komme über uns und unsere Kinder! |
| Sprecher 1: | Da gab er ihnen Barrabas los, aber Jesus ließ er geißeln und überantwortete ihn, dass er gekreuzigt werde. Da nahmen die Soldaten des Statthalters Jesus mit sich in das Prätorium und sammelten die ganze Abteilung um ihn. Und zogen ihn aus und legten ihm einen Purpurmantel an und flochten eine Dornenkrone und setzten sie ihm aufs Haupt und gaben ihm ein Rohr in seine rechte Hand und beugten die Knie vor ihm und verspotteten ihn und sprachen: |
| Alle: | Gegrüßest seist du, der Juden König! |
| Sprecher 1: | und spien ihn an und nahmen das Rohr und schlugen damit sein Haupt. Und als sie ihn verspottet hatten, zogen sie ihm den Mantel aus und zogen ihm seine Kleider an und führten ihn ab, um ihn zu kreuzigen. Und als sie an die Städte kamen mit Namen Golgatha, das heißt Schädelstätte, gaben sie ihm Wein zu trinken, mit Galle vermischt; und als er's schmeckte, wollte er nicht trinken. Als sie ihn aber gekreuzigt hatten, verteilten sie seine Kleider und warfen das Los darum. Und oben über sein Haupt setzten sie eine Aufschrift mit der Ursache seines Todes: Dies ist Jesus der Juden König. – Und um die neunte Stunde schrie Jesus laut: |
| Sprecher 3: | Eli, Eli, lama asabtani. Mein Gott, mein Gott, warum hast du mich verlassen? |
| Sprecher 1: | Aber Jesus schrie abermals laut und verschied. Und siehe, der Vorhang im Tempel zerriss in zwei Stücke von oben an bis unten aus. Und die Erde erbebte, und die Felsen zerrissen, und die Gräber taten sich auf. Als aber der Hauptmann und die mit ihm Jesus bewachten, das Erdbeben sahen und was da geschah, erschraken sie sehr und sprachen: |
| Alle: | Wahrlich, dieser ist Gottes Sohn gewesen. |

Alter: ab 9 Jahre
Zeitbedarf: Projekt
Material: Bibeltext (z. B. **M8**: Joh 5,1–8)

## Was wir machen

Grundsätzlich lassen sich alle Bibeltexte nach folgendem Verfahren erschließen: Einzelpersonen werden gebeten, drei wichtige Wörter aus einem Text herauszuwählen; anschließend begibt sich die Person mit ihren drei Wörtern in eine Kleingruppe von Dreien. Man einigt sich in der Diskussion auf drei „Gruppenwörter" und gibt diesen eine Gestalt (Standbild, Collage, Rollenspiel, Gedicht u. ä.). Der Text von der Heilung des Gelähmten (**M8**) gilt nur als Beispiel.

Durch die Wahl meiner Schlüsselwörter geschieht eine persönliche Auswahl. Das, was mich im Augenblick anspricht, wird festgehalten. In der Gruppenarbeit führt das Suchen nach gemeinsamen Wörtern zur Klärung und Abwägung, ein Gespräch mit anderen und dem Bibeltext hilft, die Situation der Lernenden und den Text miteinander zu „Vermengen" und nach einer gemeinsamen Aussage (3. Arbeitsauftrag) zu suchen.

## Um was es geht

Die auf dem Arbeitsblatt dokumentierten Anweisungen für Einzel- und Gruppenarbeit (**M8**) orientieren sich an wesentlichen Merkmalen des reformatorischen Schriftprinzips:

„Der Text predigt sich selbst" – Wir nehmen den Satz ernst und setzen voraus, dass die wichtigen Dinge im Text selbst stehen und uns nicht von „Mittlern" erklärt werden müssen. Die biblische Botschaft ist unser Lehrmeister.

Die Begrenzung auf drei Wörter im Text führt zu einer Konzentration. Das, was dem Leser / der Leserin wichtig erscheint, muss er / sie im Text herausarbeiten. Meine Erfahrungen zeigen, dass oft von verschiedenen Personen dieselben Wörter ausgesucht werden. Meistens sind es Begriffe, die entscheidende Vorgänge im Text beschreiben.

Dass Sprache unmittelbar wirkt, darin sehen wir eine Chance. Deshalb ist lautes Vorlesen des Textes wichtig. Jeder / jede bekommt Raum, das Gehörte auf sich wirken zu lassen. Die Aufgabe, drei Wörter im Text zu markieren und somit die drei persönlichen Schlüsselwörter auszuwählen, führt zu einer Konzentration auf das, was dem Hörer oder der Leserin wichtig erscheint.

Jede Person ist begabt – jede/r kann biblische Texte persönlich deuten. Wir achten dabei das Prinzip des Priestertums aller Gläubigen. Die unterschiedlichen Kompetenzen der Vielen sind uns wichtig. Die Unterscheidung in „richtig" oder „falsch" verwerfen wir, da jede Person für sich ihre richtige Entscheidung trifft.

Die je eigene Textinterpretation bedarf der Bestätigung oder der Korrektur, der Vergewisserung oder der In Frage Stellung, bedarf der Kommunikation. Die biblische Formulierung achten wir. Im gemeinsamen Gespräch kristallisieren sich Aussagen heraus, die der Gruppe (der Gemeinde) wichtig sind.

Durch die Aufgabenstellung, in einer Gruppe gemeinsame Schlüsselwörter des Textes zu suchen, wird zur Kommunikation untereinander angestiftet. Jeder / jede kommt zu Wort, da alle ihre Wörter vorstellen und begründen müssen. Nachdenken und Klärung finden statt. Die Wahrnehmung und Interpretation einer einzelnen Person wird im Gespräch entweder korrigiert, ergänzt, von anderen in Frage gestellt, bekräftigt oder unterstützt. Die Sache des Evangeliums wird im Kommunikationsprozess geklärt.

Biblische Textauslegung ist „Aussage" in unserer Zeit. Das biblische Zeugnis wird „heute" verkündigt, gehört und in Gebrauch genommen. Deshalb lautet die dritte Arbeitsanweisung: „Gestaltet die gefundenen Wörter." In dem kreativen Verfahren bringt die Lerngruppe ihre Erfahrungen und Assoziationen mit biblischen Aussagen zusammen und gestaltet Glaubensaussagen in unserer Zeit.

Alter: ab 8 Jahre
Zeitbedarf: 1 Std.
Material: Bibeltext

## Um was es geht

Wenn im römischen Reich ein Kind geboren wurde, musste es dem Vater gezeigt werden. Wenn dieser die Adoptionsformel „Du bist mein Sohn / meine Tochter" aussprach, hatte es Lebensrecht. Sprach er diese Formel nicht, wurde es von ihm nicht als sein leibliches Kind anerkannt. Das Kind konnte dann ausgesetzt oder auf dem Sklavenmarkt verkauft werden.

Die Adoptionsformel des Vaters spielt auch bei der Taufe Jesu nach Markus eine Rolle. Bei fast jeder Tauffeier wird Markus 1,9–11 vorgelesen. Hier wird geschildert, wie Jesus von Johannes getauft wird. Entscheidend ist hier das Gottesbekenntnis: „Du bist mein lieber Sohn, an dem ich Wohlgefallen habe." Jesus wird hier zum Gottessohn proklamiert. Im Neuen Testament wird die Bezeichnung „Sohn Gottes" bzw. „Kind Gottes" nicht nur auf Jesus angewendet. In den Seligpreisungen werden die Friedfertigen „Kinder Gottes" genannt (Matthäus 5,9) und im Römerbrief schreibt Paulus, dass jene, die den Geist Gottes empfangen haben, Kinder Gottes sind (Römer 8,14–17). Insofern wiederholt sich bei jeder Taufe die Adoption des Täuflings durch Gott. Der Täufling wird bei der Taufe von Gott zu seinem Kind erklärt. Getaufte werden aufgenommen in die familia Dei. Neben einem leiblichen Vater bekommen Christen und Christinnen einen Adoptivvater.

## Was wir machen

Damit ist die Taufe Jesu zugleich ein Paradigma für unsere Taufe. Wir können uns in den Text von der Taufe Jesu „hineinschreiben". Das geschieht ganz konkret:

Und es begab sich zu der Zeit,
   *Und es war der 20. Juni 1948,*
dass Jesus aus Galiläa von Nazareth kam und ließ sich taufen
   *dass Lothar Teckemeyer aus Ohrbeck kam und ließ sich taufen*
von Johannes im Jordan.
   *von Pfarrer Kuhlmann in der Christus-Kirche in Hasbergen.*

Und als er aus dem Wasser stieg, sah er,

> *Und als er mit Wasser getauft wurde, sah er,*

dass sich der Himmel auftat, und den Geist gleich wie eine Taube auf ihn herabkam.

> *dass sich der Himmel auftat, und den Geist gleich wie eine Taube auf ihn herabkam.*

Und da geschah eine Stimme vom Himmel:

> *Und da geschah eine Stimme vom Himmel:*

Du bist mein lieber Sohn, an dem ich Wohlgefallen habe.

> *Du bist mein lieber Sohn, an dem ich Wohlgefallen habe.*

> *Markus 1,9–11*

## Um was es geht

Bibeltexte haben immer auch eine sinnliche Seite. Sie zu analysieren, zu exegetisieren, sie unter historisch-kritischen Gesichtspunkten zu betrachten, ist die eine Seite. Doch wie entdecke ich die „Sinnlichkeit" der Wörter und Sätze? Sie haben einen Klang, setzen Emotionen frei und rufen Erinnerungen wach. Lautmalereien sind nicht nur Töne und Klangmodulationen, mit Lauten malen heißt ja vor allem, Szenen und Bilder beim Sprechen und Hören zu gestalten.

Sprache, in der Form der „Verdichtung" vorgetragen, in ihrer klanglichen Wirkung unterstützt durch die Improvisationen der Musik oder dargestellt in visueller Form, wird zum Erlebnis.

Bei Verdichtungen konzentrieren wir uns auf Weniges und lassen uns Zeit. Um bei dem komplexen Vorgang der Gleichzeitigkeit von Erfahrungen, den vielen Eindrücken und Empfindungen, Fantasien, Assoziationen und dem Nachdenken genügend Aufmerksamkeit zu schenken, ist Langsamkeit ein wichtiges Prinzip. Wir lernen auf Kleinigkeiten zu achten: Was macht mich unruhig? Was ist ungewöhnlich? Welche Erinnerungen stellen sich ein? Welche Bilder sehe ich? Welche Wörter lösen in mir Widerstand aus? Wir achten die Pausen, in denen Zeit ist für Abschweifungen und Träume. Wir schütten nicht alles zu mit erklärenden Wortkaskaden und ununterbrochenem Redefluss. Wir konzentrieren uns auf einzelne Wörter und ihre Wirkung, denn jedes neu gesprochene Wort löst eine neue Wirkung aus.

Was ist eine Verdichtung? Laut Duden wird damit eine Technik beschrieben, um etwas „dicht" zu machen. Das Adjektiv „dicht" hat eine mehrfache Bedeutung. Es kann im Sinne von „fest, stark, zuverlässig" verstanden werden, z. B. wenn ein Topf dicht ist. Unter „dicht" kann man aber auch „enggedrängt, nahe" verstehen. In dem hier beschriebenen Verfahren meint das Wort Verdichtung den kreativen Prozess der Reduktion, der Zurückführung, der „Verengung", auf zentrale Aussagen eines Bibeltextes. Die Akteure dieses Prozesses sind die einzelnen Sprecher, Schreiber, Hörer oder Leser, eben die Lerngruppe.

Der Prozess der Verdichtungen ist nicht allein individuelle Arbeit, er ist auf das Gespräch mit anderen angewiesen. Kreativ nenne ich diesen Prozess, um damit auch auf die „Dichtkunst" anzuspielen, eine andere Assoziation, die in dem Wort „Verdichtung" steckt, wohl wissend, dass „dichten" im Sinne von „schriftlichem Abfassen, Ersinnen von Texten" eine anderen Herkunft als das Wort „dicht" hat.

Als „Wortmaterial" verwenden wir bei der Verdichtung einen Bibeltext. In ihm ist alles enthalten, was für eine Deutung des Textes wichtig ist. Nicht das Interpretieren und Produzieren neuer Wortkaskaden – wie das meistens bei Predigten geschieht – steht im Vordergrund, sondern die Konzentration auf das, was im Bibeltext steckt. Indem wir Wörter auf uns wirken lassen, entsteht eine Wirkung, schafft biblische Sprache Wirklichkeit.

Wirken heißt zugleich Veränderungen hervorrufen, in Bewegung geraten. Ich sehe ein Wort, das mir gefällt, und augenblicklich verändert sich etwas. Mein Blick wird konzentriert oder meine Augenbrauen heben sich. „Darüber möchte ich mehr wissen!" Mein Körper tendiert wie von selbst in Richtung der Ursache meiner Aufmerksamkeit. Mein Fühlen und Denken, meine Wünsche, Abneigungen, Vorurteile, Erwartungen, mein Vorwissen und meine Neugierde befinden sich in Interaktion mit dem Bibeltext. Ich trete mit ihm in Beziehung. Ich habe Interesse an einem Wort, das mir wichtig erscheint.

Eine Schnittstelle zwischen dem Text und den Empfindungen der hörenden bzw. lesenden Person entsteht. Beides wirkt aufeinander. Es entsteht eine Wirklichkeit, in der die Bibel und die Person, die sich den Text aneignet, ihren gleichberechtigten Platz haben.

Für den Prozess der Verdichtung ist die Fokussierung auf ausgewählte Begriffe wichtig. Die Lernenden konzentrieren sich auf das, was ihnen der Text in der augenblicklichen Situation sagt. Die Aktualität des Textes muss nicht künstlich konstruiert werden. Die Worte des Textes setzen sich selbst durch. Die Fixierung auf einzelne Wörter und nicht auf den ganzen Text ermöglicht zugleich die Freisetzung von individuellen Eindrücken und Assoziationen.

Verdichtung ist ein sinnlicher, Sinn suchender und damit sinnvoller Arbeitsprozess. Die Vielfalt emotionaler und rationaler, kreativer, essenzieller und kommunikativer Kompetenzen wird bei der Texterschließung angewandt. Das gilt auch für die Präsentation der Ergebnisse. Hierbei ist nicht nur das „Was", sondern auch das „Wie" der Darstellung wichtig. Wenige Wörter können Zuhörende und Zuschauende schnell aufnehmen, spannend ist ihre Inszenierung und Wirkung.

## Was wir machen (Vorschlag 1: Verdichtung als musikalische Gestalt)

Alter: ab 14
Zeitbedarf: Projekt
Material: Bibeltext

„Wie fandet Ihr denn den Gottesdienst?" Gefragt hatte ich nach einem schulgottesdienst angehende Sozialassistentinnen der Berufsbildenden Schulen. „Ganz gut!" – „Okay!" – „Am besten war die Predigt!" – Die letzte Antwort überraschte mich, da ich sicher war, gar keine Predigt – jedenfalls nicht im klassischen Sinne – gehalten zu haben. „Welche Predigt?" – „Also, das war wirklich gut, was Sie da zusammen mit der Gitarre und E-Piano gemacht haben!" Breite Zustimmung. „Da konnte man gut zuhören." – „Ja, man konnte den Text so nachempfinden."

In dem Gottesdienst zum Thema „Stürmische Zeiten" hatte ich gemeinsam mit der Band eine Klangcollage mit Wörtern aus der Sturmstillungsgeschichte vorgetragen: Mk 4,35–41.

Nachdem von einer Schülerin der Bibeltext vorgelesen worden war, setzte die freie Improvisation des Keyboards ein. In die Improvisation hinein wurden von mir einzelne hervorgehobene Wörter des Textes gesprochen. Gitarre und Schlagzeug stimmten später in die Klang- und Wortcollage ein. In der gesamten Darbietung war eine Dreiteilung zu erkennen:

– Im ersten Teil gestaltete ich in freier Assoziation die Wörter „Wirbelsturm", „Wellen", „Wind", „schlagen" und „zugrunde gehen".

– Im zweiten Teil folgten die Wörter „Schweig!", „Verstumme!", und „Stille".

– Abschließend interpretierten wir sowohl mit der Sprache als auch mit den Musikinstrumenten die Begriffe: „ängstlich?", „keinen Glauben?" und „Wind und Meer sind ihm gehorsam".

Stimmlage, Lautstärke und Sprechtempo wurden dabei verändert, Alliterationen betont, Pausen bewusst inszeniert, im Stakkato gesprochen und mit Wörtern gespielt, so vor allem mit dem Wort „Wirbelwind": „wirrr…", „irrr", „win" und anderen Wortassoziationen. Am Schluss stand die Behauptung: „Wind und Meer sind ihm gehorsam!"

Dabei wurde aus dem Augenblick musiziert und gesprochen, um frei miteinander zu kommunizieren und sich gegenseitig in der Gestaltung anzuregen.

## Was wir machen (Vorschlag 2: „Ich nicht!")

Alter: ab 14
Zeitbedarf: Projekt
Material: Bibeltext

1995 entstand für den Kirchentag eine Bibelarbeit zu den Zehn Geboten, die im Wesentlichen nur aus einem Wort bestand, dem Wort „nicht". Da in diesem Wort wiederum das Wort „ich" steckt, habe ich die Wörter „ich" und „nicht" sowie der Klangassoziation „nichtich" (im Sinne von nichtig) in unterschiedlichen Sprechakten (fragend, behauptend, zweifelnd) und Variationen vorgetragen. Begleitet wurde diese Interpretation von den improvisierenden Klängen einer Zugposaune. Den Schlusssatz dieser ungewöhnlichen Bibelarbeit bildete das erste Gebot: „Ich bin der Herr, dein Gott, der dich aus Ägypten, aus dem Sklavenhaus geführt hat."

*Wirkungen*

In Reaktionen auf die Interpretation wurde betont, wie sehr die Spannung zwischen der Verstrickung in egoistische Strukturen einerseits und das befreiende Handeln Gottes andererseits zum Ausdruck gekommen sei. Dieses war eine eher intellektuelle Wahrnehmung. Viel wichtiger war für mich der Kommentar des Küsters meiner Heimatgemeinde, der im Hauptberuf Maurer war und als einer der vielen Posaunenbläser am Kirchentag teilnahm. Spontan kam er auf mich zu und sagte: „Endlich eine Bibelarbeit, die ich verstanden habe. Solche Predigten müssen wir auch bei uns zu Hause machen."

## Was wir machen (Vorschlag 3: PaSSion)

Alter: ab 14 Jahre
Zeitbedarf: Projekt
Material: Bibeltext

In der eindrucksvollen Schilderung der Verspottung Jesu im Zusammenhang der Passionsgeschichte (Mt 27,27–31 par.) ist in allen vier Evangelien die Ansammlung der „s"- „ß"- und „z"-Laute auffällig. Das Täterwort „Sie" taucht allein achtmal auf. Eindrücklich sind die Tätigkeitswörter „schlagen", „ausziehen", „spucken", „verspotten" und schließlich „kreuzigen", ebenso die verhöhnenden Verben „salutieren" und „grüßen". S-, Z- und ß-Laute tauchen auch in den Worten „Statthalter", „Palast", „scharlachrotes", „zunächst", „zusammen", „schließlich" und „Dornenzweige" auf. Betont man diese Konsonanten durch Dehnung oder Lautstärke, bekommt der Text einen besonderen Klang.

Im Rahmen eines Bibelworkshops mit Lehrkräften haben wir in einer Passionsandacht den Text lautmalerisch gestaltet. Zunächst wurde der Text gelesen, ohne die S-, Z- und ß-Laute besonders zu betonen. Dann wurde ein Bordun-Ton, ein tiefer Dauerton auf der Orgel, zugrunde gelegt.

In freier Improvisation sprachen vier Akteure erst langsam, dann schneller werdend je eines der Verben „ausziehen", „schlagen", „spucken", „verspotten" manchmal laut, zischelnd, aggressiv oder verzweifelnd in den Kirchenraum hinein. Sie saßen als Teilnehmer in den Kirchenbänken.

Eine zweite Gruppe von ebenfalls vier Akteuren konzentrierte sich auf das Wort „Sie". Sie saßen als geschlossene Gruppe in einer Kirchenbank. Schließlich gab es einige, die die übrigen Wörter wie „Statthalter", „salutieren", „grüßen", „Dornenzweige" in den Raum riefen.

Jede/r hatte sich ein Wort ausgesucht. Vereinbart war lediglich, dass nach kräftigem Stakkato eine Pause entsteht und dann gemeinsam das Wort „kreuzigen" gesprochen werden soll.

Die Entdeckung der „S-, Z- und ß-Laute" entstand bei einer kreativen Erschließung von Texten zur Passionsgeschichte. Die Arbeitsanweisung lautete: „Achtet auf Buchstaben und Wörter in dem Text, entdeckt ihren Klang und Ausdruckskraft, sowohl akustisch als auch visuell." Nach der Einzelarbeit folgte Gruppenarbeit, in der dann auch eine Art „Partitur" entwickelt wurde.

In der Rückmeldung der Andachtsbesucher wurde betont, wie ihnen die Darbietung unter die Haut gegangen sei.

## Was wir machen (Vorschlag 4: Verdichtung in visueller Form)

Alter: ab 12 Jahre
Zeitbedarf: Projekt
Bibeltexte

Meistens lesen wir, um den Inhalt des Textes oder des Wortes zu verstehen. Erst wenn ein Text mit besonderen Drucktypen gesetzt oder mit schlecht lesbarer Handschrift geschrieben wurde, fällt uns auf, dass unser Lesen auch eine emotionale, sinnliche, ästhetische Seite hat. Wie ein Wort geschrieben oder gedruckt wird, ist nicht beliebig. Buchstaben, Wörter, Texte haben eine visuelle Ausdruckskraft. Mit verschiedenen Lerngruppen habe ich versucht, sie aufzuspüren, zu gestalten und sie anschließend zu deuten.

*Beispiel 1: Sprache als Arche*

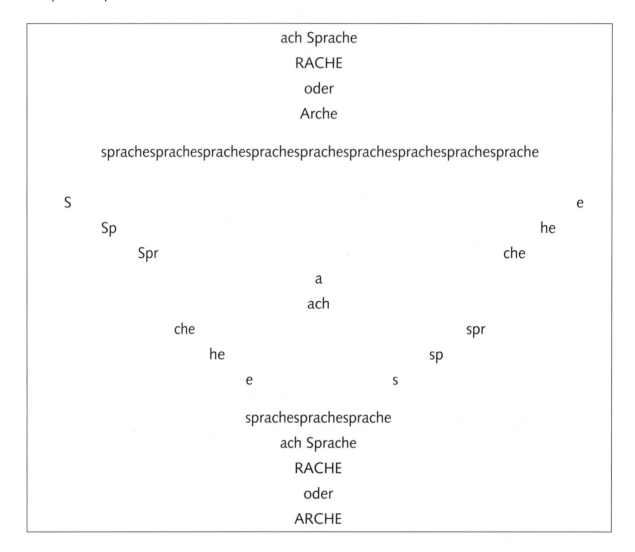

Entstanden ist diese Arbeit in der Beschäftigung mit der Geschichte vom „Turmbau" (1 Mose 11,1–9). Das zentrale Schlüsselwort lautete „Sprache". Im kreativen, kalligraphischen Gestalten mit diesem Wort wurde entdeckt, dass in dem Wort „Sprache" die Wörter „Rache", „Arche" und „ach" enthalten sind. Sprache kann wie eine Arche zum beschützenden Raum werden. Das Wort „Rache" ist Synonym für Hass, Kampf, kriegerische Auseinandersetzungen. Die Ambivalenz war bestimmend für die Gestaltung.

In der Darstellung ist sowohl ein Schiff, als auch ein Pfeil zu erkennen. Im Reflexionsprozess erörterten die Schülerinnen und Schüler die unterschiedlichen Wirkungen von Sprache. Es gibt eine Sprache des Friedens und des Vertragens, Liebende sprechen anders miteinander als Feinde. Sprache dient der Verständigung. Sprache kann aber auch benutzt werden, um zu beleidigen und um zu verletzen.

*Beispiel 2: Aussatz*

Aussatz von A bis Z

A

Au

Aus

SS

SA

Sat

Tz

Z

Aussatz von A bis Z

Bei diesem Beispiel war die Geschichte von den zehn Aussätzigen der Ausgangspunkt für unsere Textentdeckungen und Verdichtungen. Beim Wort „Aussatz" ist jeder Buchstabe von Bedeutung. „A", Au", „Aus" (mit scharfem, betontem „s" gesprochen) sind Ausdrücke und Laute für Schmerz, Ausschluss und Ausstoßen. „SS" und „SA" erinnern an die bedrückende Zeit der Nazi-Diktatur mit all ihrer menschenverachtenden Gewaltherrschaft. „Sat", „tz" und „z", sind Lautmalereien für Ausmerzen, Ausschließen und Vernichten. Die Dominanz des Buchstaben „s" in dem Wort „Aussatz" wurde betont, indem die Klangassoziation in der Form eines „S" notiert wurde. Gerade in der Verknüpfung des Wortes „Aussatz" mit den Geschehnissen im Dritten Reich wird das Wort „Aussatz" visuell und als vorgetragener Text auch akustisch in verdichteter Form zur Predigt.

*Beispiel 3: Am Anfang*

AM ANFANG WAR DAS WORT!

AM ANFANG WAR WAS DORT!

ADAM WAR ANFANGS WORT.

WAS? MORT WAR DA ANFANGS?

WAS WAR ANFANG AM ORDT?

WAA ANFANGS WARM DORT!

FANG AN AM WORT RADWAS.

WAS, WORT „RAD" AM ANFANG?

In einem weiteren Verfahren wird nur mit den vorhandenen Buchstaben eines biblischen Satzes ausprobiert, welche neuen Wörter und Sätze sich bilden lassen. Wichtig ist dabei: Es dürfen keine neuen Buchstaben hinzugefügt werden. Und: Alle vorhandenen Buchstaben müssen in den neu gebildeten Sätzen vorkommen. Satzzeichen helfen, eine neugebildete Aussage besser zu betonen, z.B kann ein Satz als Frage oder Ausruf gelesen werden. Die Rechtschreibregeln sollten dabei großzügig ausgelegt werden, die Sätze sollen ja gesprochen werden. Bei dieser Übung kann es hilfreich sein, alle Buchstaben des Satzes „Am Anfang war das Wort" je einzeln auf ein DIN-A4-Blatt zu schreiben und neue Wörter und Sätze an einer Wäscheleine aufzuhängen. So sieht man sofort, ob Buchstaben übrig bleiben. Außerdem kann so auch kein Buchstabe doppelt verwendet werden. Werden dabei die Buchstaben „W" und „M" ähnlich geschrieben, so können sie auf den Kopf gestellt sowohl als „W" und „M" gelesen werden. Schon durch das Drehen des Buchstaben „W" in dem Wort „Wort" wird „Wort" zum „Mort". Die Wort- und Satzvarianten können so erweitert werden.

## Was wir machen (Vorschlag 5: Verdichtung durch „Textzertrümmerung")

Alter: ab 8 Jahre
Zeitbedarf: 2 Std und mehr
Material: Papier und Stifte

---

*GEHAUSDERARCHEDUUNDDEINEFRAUDEINESÖHNEUNDDEINESCHWIEGER-
TÖCHTERMITDIR*

ALLESGETIERWASBEIDIRISTVONALLEMFLEISCHANVÖGELNANVIEHUNDALLE
MGEWÜRMDASAUFERDENKRIECHTDASGEHEHERAUSMITDIRDASSSIESICHRE
GENAUFERDENUNDFRUCHTBARSEIENUNDSICHMEHRENAUFERDEN

GE *HAUS* DE RAR CHEDU UNDD EIN EF *RAU* DIE NESÖH NEUN DDE IN
ESCH *WIEGE* RTÖCHT ERMIT DIR

ALL ESGETIER WASBE IDI RIST VONAL LEMFLEISCH ANVÖ GEL NANVIE
HUND ALL EMGEW ÜRMD ASA *UFER DENK RIECHT* DAS GEH *EHE*
RAUS MITD IRDASS SIESI CHREGE NAUFER DENUND *FRUCHT* BARSE
IENUND SICHMEH RENA *UFER* DEN

---

*1 Mose 8,16 –17*

Anders als in den bisher verwendeten Vorlagen, habe ich bei diesem Beispiel den Bibeltext ohne Wortanfang und Wortende zu markieren und ohne Satzzeichen, nur mit Großbuchstaben gesetzt, der Lerngruppe präsentiert. Noah hört die Stimme Gottes, der ihn auffordert, die Arche zu verlassen und wieder Land zu betreten. Zunächst als Verfremdung gedacht, eher als Anstiftung in ungewöhnlicher Form einem Text zu begegnen, entwickelte sich jedoch ein spannender Prozess bei der Auseinandersetzung mit dem Text. Hier der Bericht eines Teilnehmers: „Noah soll wieder Land betreten. Neu anfangen – aber mit welcher Sprache? Er hat nur die alte, verdorbene Sprache im Kopf. Sätze, die von Menschen benutzt wurden, sich zu entzweien und übelste Dinge anzurichten. Noah gestaltet die alte Sprache neu. In den alten Wörtern stecken neue. Die neuen Wörter heißen: Haus, Wiege, Ufer, Denk, Riecht, Ehe, Frucht. Das sind für uns seine neuen Hoffnungswörter.“

In der Wahrnehmung und Neugestaltung des Textes und bei der Suche nach Schlüsselwörtern wird der Inhalt der biblischen Geschichte nicht nebensächlich. Vielmehr mischt er sich in den Gestaltungsprozess mit ein und wird zum Kriterium für die Suche nach neuen Wörtern. In verdichteter Form bringen sie zum Ausdruck, was Noah an Land erwartet: Beheimatung und Neuland, Sinnlichkeit und Nachdenken, vor allem aber Frucht.

## Was wir machen (Vorschlag 6: Verdichten durch Ver-Tonen)

Alter: ab 10 Jahre
Zeitbedarf: Projekt
Material: feuchter Ton, freie Fläche

Handwerklich geht es bei der Vertonung der Geschichte vom „Turmbau zu Babel" (1 Mose 11) zu. Als Material wird feuchter Ton verwendet. Am besten eignen sich schon geformte, aber noch nicht gebrannte Ziegelsteine. Diese Ziegelsteine sind unser Material, mit dem wir die Turmbaugeschichte räumlich auslegen. In die Ziegel kneten wir in Einzelarbeit unsere Gedanken zum Text. Es entstehen Menschen, verbogene Steine – aber auch unbearbeitete – Steine mit Verziehrungen … Alle Steine werden zu einem Turm zusammengesetzt.

*Erfahrungen*

Auf dem Kirchentag in Berlin (1989) haben wir dieses Verfahren erstmals ausprobiert. Aus über 500 Steinen entstand am ersten Tag ein großes Gebilde auf dem Vorplatz der Dreifaltigkeitskirche in Lankwitz. In der darauffolgenden Nacht wurde der Turm zerstört. Bruchstücke und bearbeitete Steine lagen verstreut herum. Nur ein Teil des Turmes stand noch. Am Morgen gab es eine heftige Diskussion über Vandalismus. Einige äußerten ihre Trauer und Wut, andere sahen darin einen „normalen Prozess". Sie sagten: „Die Zerstörung gehört mit zum Bibeltext." Man entschied sich, den Turm nicht wieder zu rekonstruieren, allerdings sollte an der Ruine weiter gebaut werden. Die Kirchentagsbesucher bekamen die Gelegenheit, weiterhin Tonziegel zu gestalten und zum Turm hinzuzufügen. Am Nachmittag dieses Tages setzte ein kräftiger Regenschauer dem Turm zu. An vielen Stellen wurde der Ton weich. Es gab Einstürze und Auflösungen. Der Vergänglichkeit ausgesetzt blieb der „Turm" über den Kirchentag hinaus noch einige Tage stehen, bis Mitarbeiter des Bauhofs diese „Schweinerei" – wie sie sagten – beseitigten.

In der Kirchengemeinde Aurich-Sandhorst ist es eine Zeitlang üblich gewesen, dass zu einer biblischen Geschichte oder zu einem Bibelvers von jedem Konfirmanden und jeder Konfirmandin ein ungebrannter Ziegelstein gestaltet wurde. Die Steine wurden getrocknet und gebrannt und dann unter der Anleitung des Küsters der Gemeinde (einem gelernten Maurermeister) an einer schmucklosen Fassade der Kirche zu Denkmälern der Konfirmandengruppe zusammengebaut. Mehrere Konfirmandenjahrgänge hinterließen so ihrer Kirche eine ver-tonte Interpretation eines Bibeltextes.

## B7    Kreatives Schreiben

Alter: ab 8
Zeitbedarf: 1 Std. und mehr
Material: Papier und Stifte

## Um was es geht

Schreiben ist zu allererst ein individueller Prozess. Schreiben wird als ein Prozess verstanden, bei dem ich eigene Gedanken zu Papier bringe. Schreiben ist meistens der Ausdruck der inneren Gedankenwelt und der inneren Sprache. Da die innere Sprache Ausdruck der individuellen Persönlichkeit ist, ist Schreiben immer auch eine Förderung der Persönlichkeitsbildung.

Zugleich leben wir in Beziehungen. Wir lernen interpersonal. Wir bekommen Anregungen von anderen, ahmen etwas nach, verändern es oder entwerfen etwas ganz Neues. Mit großem Erfolg habe ich immer wieder kreatives Schreiben in Gruppen ausprobiert.

Zur Klasse gehören 26 SchülerInnen. Sie ist in drei Gruppen eingeteilt. Jede Gruppe sitzt um einen Tisch. Jede Person hat ein unbeschriebenes Blatt Papier und einen Schreibstift vor sich liegen. Das Thema „Gerechtigkeit" wird behandelt. Die Arbeitsanweisung lautet:

– Jede/r schreibt zuoberst auf sein Blatt „Gerechtigkeit", nur dieses Wort.

– Dann wird das Blatt an den rechten Nachbarn / die Nachbarin weitergereicht.

– Nun darf von dieser Person, vor der jetzt das Blatt liegt ein weiteres Wort hinzugefügt werden.

– Das Blatt wird so lange weitergereicht, bis jede/r in der Runde ein Wort hinzugefügt hat.

Texte entstehen, an denen alle aus einer Gruppe mitgewirkt haben. Weitere Arbeitsanweisungen: „Bei der Übung darf nicht gesprochen werden, nur der Stift drückt das aus, was ihr sagen wollt. Reicht das Blatt erst dann weiter, wenn alle ihr Wort geschrieben haben. Damit alle wissen, wann ihr mit eurem Wort fertig seid, legt bitte nach dem Schreiben den Stift auf den Tisch."

Nach der Schreibaktion liest jede/r einen Text vor. Vorher haben die Lernenden, wenn nötig, Satzzeichen gesetzt, um den Gesamttext besser vortragen zu können.

Die Texte sollen möglicht theatralisch rezitiert werden. Die besten werden nach Diskussion ausgewählt und an eine Pinwand angeheftet. Gerechtigkeitsgedichte entstehen.

In einer weiteren Übung darf jeder drei Wörter aufschreiben. Dabei muss ein begonnener Satz möglichst weitergeschrieben werden. Die Überschrift lautet: „Die Gerechtigkeit Gottes". Beispiel:

*Die Gerechtigkeit Gottes …*

> Ist biblisch belegt
> Stimmt das wirklich?
> Ich glaube schon.
> Die zehn Gebote
> reden von Gott
> und Gerechtigkeit kommt
> Nicht vor. Oder?
> Ist das gerecht?

In der nächsten Runde werden nach dem gleichen Prinzip ganze Sätze oder sogar Abschnitte geschrieben. Thema: „Vor Gottes Richterstuhl erscheinen …"

Gemeinsames Schreiben kann zu fast allen Themen geschehen. Interessant ist es, biblische Geschichten weiterzuschreiben. „Was geschieht nach dem Fest, das der Vater für seinen verlorenen Sohn veranstaltet hat?" (Lk 15,11–32) oder. „Zachäus heute – vier Wochen später nach dem Essen mit Jesus" (Lk 19,1–9).

In Anlehnung an einen Cinquain („Elfchen") lassen sich auch andere Textformen in Gruppen gestalten. Der Cinquain bezieht sich auf die Zahl „Fünf", entsprechend der fünf Zeilen im Gedicht. Für die fünf Zeilen gelten folgende Regeln:

- Zeile 1: Titel oder ein Hauptwort (ein Wort).

- Zeile 2: Beschreibung des Titels (zwei Wörter).

- Zeile 3: Eine Aussage in Bezug auf den Titel oder Wörter, die ein Handeln beschreiben (drei Wörter).

- Zeile 4: Beschreibt eine Empfindung in Bezug auf den Titel (vier Wörter).

- Zeile 5: Schlusswort mit Bezug auf den Titel (ein Wort)

*Beispiele:*

Jesus

aus Nazareth

hilft unglücklichen Menschen

steht den Armen bei

Heiland

Welt

Erde Himmel

von Gott geschaffen

aber vom Menschen ausgeplündert

Hilfe

Gelungene Textergebnisse können auf Karten oder Plakaten geschrieben besonders gestaltet werden.

Zwei Dinge sind mir beim kreativen Schreiben in Gruppen wichtig. Einmal kommt jede/r Lernende in einem Gruppentext vor, auch wenn sein Wortbeitrag nur aus einem Wort oder einem kleinen Satz besteht. Zum Zweiten darf jede/r mitschreiben, alle aus der Gruppe sind an einem gelungenen Text beteiligt. Noch wichtiger ist die Lust am Schreiben, die bei solchen Übungen entsteht. Schreiben ist für viele Lernende mit verkrampften Fingern, krummen Rücken und Angst vor dem Rotstift verbunden. Unruhige Lerngruppen lassen sich mit Abschreiben disziplinieren. Schreiben, das Spaß macht, kommt viel zu selten vor. Immerhin haben mich nach solchen Schreibaktionen Hauptschüler und -schülerinnen gefragt: „Können wir morgen weiterschreiben?"

# C Religion ins Spiel bringen

Ein Großteil pädagogischer Spielkonzepte lässt sich auf den Ansatz des Psychodramas zurückführen. Die Grundüberzeugung dieses Verfahrens lautet: „Erkläre und beschreibe nicht, zeig es! – Stelle das, was du empfindest, was dich bewegt, was du ausdrücken willst, auf der Bühne dar." Das Psychodrama hat vor allem in der therapeutischen Arbeit Anwendung gefunden. Um in der pädagogischen Arbeit dem Missverständnis aus dem Wege zu gehen, in der Schule, im Unterricht oder der Gemeindearbeit werde therapiert, wird deshalb in der Bildungsarbeit eher von „szenischer Didaktik", „didaktischen Inszenierungen" oder „szenischem Spiel" gesprochen.[28]

Nicht allein durch Informationsvermittlung oder erklärende Darstellungen finde Lernen statt, auch durch Interaktion im Spiel geschieht Kompetenzerweiterung. Sie ereignet sich im reflektierten Ausprobieren von Rollen und im Rollentausch. Szenen werden entworfen und gespielt. Lernen geschieht beim Zuschauen und in der Interaktion des Spieles. Persönliche Erfahrungen werden ins Spiel eingebracht und mit Mitspielern dargestellt, erweitert und variiert. Im Kontext performativer Religionsdidaktik geht es dabei weniger um das Nachspielen vorgegebener Rollen, viel wichtiger ist es, Spielprozesse offen und flexibel zu gestalten, den Lernenden für selbstbestimmtes Handeln Raum zu geben und so ihre Spontaneität und Kreativität zu fördern. Dabei wird nicht nach dem Vollkommenen und Perfekten gesucht, geschätzt wird vor allem das Fragmentarische, Spontane und Vorläufige.

Wer mit dem Konzept des Psychodramas Spiele und Aktionen gestaltet, sollte über Grundkenntnisse dieses Verfahrens verfügen, deshalb an dieser Stelle eine Einführung zur Bedeutung von Spielort, Techniken und zu den Qualifikationen der Akteure.

## Spielort und Personen

Konstitutiv für das Psychodrama ist die Bühne / der Spielraum. Hier findet die Spielhandlung statt. Für das unmittelbare spontane Spiel sind Requisiten nicht zwingend notwendig, manchmal lenken sie sogar vom Spielprozess ab und entwickeln eine

---

28   So *E. Kösel und andere:* Psychodrama im Unterricht. Beispiele für eine subjektorientierte Didaktik. In: Zeitschrift Pädagogik – Heft 11. 1995.

Eigendynamik. Sie haben lediglich unterstützende Bedeutung. Meistens reichen Stühle. Für das Spiel ist es wichtiger, die Fantasie der Spielenden zu fördern. Es muss genügend Spielraum für die Bühne vorhanden sein, um auch spontane Handlungen zu ermöglichen. Spielraum und Zuschauerraum müssen klar voneinander getrennt sein.

Die Aufgabe des Psychodramaleiters – in der pädagogischen Praxis Spielleiter genannt – ist es, unterstützend mitzuwirken. Er sorgt dafür, dass die Bühne entsteht, er strukturiert den Verlauf des Spieles, er hält es mit den Techniken des Psychodramas in Gang. Er fördert das „Drama". Dabei vermeidet er Hektik und Übereifer. Er ist der Dirigent, nicht der Autor des Spieles, er sorgt für die Einhaltung der Spielregeln.

Für die Spieler ist es wichtig, dass sie sich in Rollen (in selbst ausgewählte oder ihnen zugeschriebene Rollen) hineinversetzen. Dabei ist ihre Fantasie gefragt. Je ideenreicher sie eine Rolle gestalten, desto mehr Dynamik kann ein Spiel entfalten. Wichtig ist, dass die Akteure in ihren Rollen bleiben. Aussteigen aus der Rolle, Rollenwechsel oder Rollentausch sind bewusste Inszenierungen, die vom Spielleiter angeordnet werden, die aber nicht selbstständig von Spielern vorgenommen werden können.

Die Kommunikation der Akteure ist direkt. Der Spielleiter äußert sich im Regelfall im Imperativ. Er ist der „Direktor". Die Sprache der Spielenden ist allumfassend. In der unmittelbaren Interaktion des Spieles sind Mimik, Gestik und Haltung genauso wichtig wie verbale Äußerungen. Die Kommunikation mit Händen, Augen oder ganzem Körper ist elementar. Die Sprache der Gefühle ist erwünscht. Reflektieren und Nachdenken haben am ehesten im Sharing, dem anschließenden Erfahrungsaustausch, ihren Platz.

## Techniken

Das Warming up dient dazu, die Spielbereitschaft zu fördern. Die Gruppenmitglieder nehmen dabei sich selbst und die anderen wahr, sie erwärmen sich mit ihrem ganzen Organismus, um auch miteinander „warm" zu werden und „in Stimmung" zu kommen.[29] Warming-up-Anweisungen für eine Gruppe sind z. B.: „Bewegt euch im Raum! Versucht, das für euch geeignete Schritttempo zu finden. Probiert verschiedene Geschwindigkeiten aus. Bleibt stehen, auch der Stillstand ist wichtig! Stellt euch

---

[29] Neben dem Erwärmen kennt das Psychodrama auch das „Abkühlen". Vor allem dann, wenn eine Gruppe sich hyperaktiv und unruhig verhält, kann es sinnvoll sein, erst einmal zur Ruhe zu kommen, um für sich und andere sensibel zu werden.

vor, ihr geht über eine grüne Wiese, da ist ein Bach; watet durch Wasser; das Ufer ist matschig. Ihr geht über einen Kiesweg. Ihr überquert eine Straße. Ihr trefft einander. Begrüßt euch. Verabschiedet euch und geht auf eine andere Person zu. Ihr geht rückwärts, auch zeitlich, nun sind wir im Jahr 1517. Wir sind auf dem Marktplatz in Wittenberg angelangt. Ihr habt eine neue Identität. Probiert aus, wer ihr sein könnt …"

Zwischen den Anweisungen lässt sich der Spielleiter viel Zeit. Er beobachtet das Gruppengeschehen und reagiert darauf – nicht nur mit seinem Sprachtempo auch mit seinen Impulsen. Er nimmt das auf, was in der Gruppe geschieht.

Nach dem Spiel findet das Sharing statt. Dazu bildet die Gruppe nach dem Abbau der Spielszene möglichst außerhalb des Bühnenortes einen Sitzkreis. Die Akteure teilen ihre Erfahrungen und Empfindungen mit, die sie im Spiel gemacht haben. Darüber hinaus dient im Sharing das vorangegangene Spiel als Anknüpfungspunkt für Assoziationen zu Erfahrungen aus dem Realleben der Spieler und Spielerinnen. Die Aussagen der Einzelnen werden nicht kommentiert. Beim Rollen-Sharing werden die Empfindungen genannt, die die Akteure in der von ihnen zu spielenden Rolle hatten.

Für die unterrichtlichen Prozesse ist zu beachten: Subjekte des Lernprozesses sind die Lernenden, deshalb ist es sinnvoll, ihre Fragen und Probleme zum Gegenstand des Lernens zu machen. Nicht so sehr die Ideen des Spielleiters werden umgesetzt, sondern die der Lernenden. Um deren Interessen herauszufinden, kennt das Psychodrama als selbstbestimmtes und gruppenbezogenes Verfahren die Techniken der soziometrischen Wahl, bei der ein oder mehrere Personen gewählt werden, die das Thema bestimmen können. Sie dürfen das ins Spiel bringen, was sie bewegt. Sie bestimmen den Ausgangspunkt des Spiels. Sie geben die Spielszene vor. Für ihre Wahl gibt es folgende Varianten:

- Es hat sich schon in der Warming-up-Phase jemand (der Protagonist) herauskristallisiert, der das Spiel gestalten möchte.

- Die ganze Gruppe hat Lust zu einer gemeinsamen Aktion, zu einem Gruppenspiel.

- Einige Gruppenmitglieder sind mit demselben Thema beschäftigt, wollen aber nicht unbedingt jeder für sich ein eigenes Spiel daraus machen, deshalb bestimmen sie einen „Leitwolf".

- Das Paargespräch im Anschluss an das Warming up eröffnet die Möglichkeit, die Interessenlage in der Lerngruppe zu klären. Jeder Partner hat eine Minute Zeit, von sich zu erzählen. Der Leiter weist die Paare darauf hin, dass die Gesprächsinhalte in der Großrunde vorgestellt werden sollen. Ein allzu intimer Charakter der Gespräche wird so vermieden. Nach dem Zweiergespräch stellt der jeweils andere Gesprächspartner in einer Vorstellungsrunde das Thema seines Partners vor. Dabei schlüpft er in die Rolle seines Partners. A. steht hinter B. und sagt: „Ich heiße B., und mein Thema ist …".

– In der Befindlichkeitsrunde (Blitzlicht) fragt der Leiter in einer Gesprächsrunde jeden, wie er sich fühlt und welches Thema er mitbringt.

– Beim projektiven Verfahren (Imaginationen) stellt der Leiter einen oder mehrere Stühle auf und regt die Gruppenmitglieder an, sich darauf etwas oder jemanden vorzustellen: „Stellt euch vor, auf dem Stuhl sitzt etwas, ein Problem, eine Person – beschreibt dieses Etwas." Alle Gruppenmitglieder stellen ihren „Stuhl" vor.

Es gibt mehrere Protagonisten, von denen jeder sein Problem bearbeiten möchte. Eine Wahl ist notwendig. Die Wahl des Protagonisten und die damit immer auch verbundene Themenwahl der Gruppe kann wie folgt stattfinden:

– „Klassische Form" wird jenes Verfahren genannt, bei der der Leiter, geleitet von seiner Intuition und seiner Erfahrung, ein Gruppenmitglied bittet, auf die Bühne zu kommen. Als Auswahlkriterium dient ihm seine Beobachtung, den am stärksten „angewärmten" Teilnehmer zum Protagonisten zu bestimmen.

– Bei der „raum-soziometrischen" Form lässt der Leiter jeden Teilnehmer zum Beispiel nach einer allgemeinen, unspezifischen Anwärmung an sein Thema denken und seine Bereitschaft zum Spiel durch die eigene oder die Position seines Stuhles zur Mitte des Raumes hin zeigen. Die Person im Zentrum wird Protagonist. Bei mehreren Personen in der Mitte entscheidet das Los.

– Die „vollständige Soziometrie" ist ein Verfahren, bei der nach einer Anwärmung jede Person ihr Thema zeigt. Vorbereitend dafür kann das oben beschriebene Paargespräch Anwendung finden. Die Wahl eines Protagonisten erfolgt dann durch die Gruppe. Dafür muss das Wahlkriterium klar sein, zum Beispiel: „Wählt die Person, die das Thema repräsentiert, von dem jeder / jede persönlich meint, davon am meisten zu profitieren."[30] Beim Wahlvorgang legt der Wählende seine Hand auf die Schulter der Mitspielerin, die das zu wählende Thema verkörpert. Eigenwahl ist nicht möglich. Die Person, bei der die meisten Hände auf der Schulter liegen, ist gewählt.

---

**30** Vgl. *U. Seeger,* Der soziogenetische Prozess, in: Psychodrama, Köln 1993, S. 14 f.

Bei unklarem Wahlausgang (z. B. gleiche Stimmenzahl für mehrere Personen) entscheidet das Los, oder die Unklarheit selbst wird zum Thema des Spiels gemacht.[31]

Die Wahl des Themas und des / der Protagonisten ist deshalb von besonderer Bedeutung, weil hier der weitere Inhalt und Fortgang des Lerngeschehens bestimmt wird. Je intensiver die Gesamtgruppe an dem Prozess beteiligt ist, desto eher identifiziert sich die Gruppe mit der Entscheidung. Die Wahl nach den Kriterien der „vollständigen Soziometrie" ist für den Gruppenprozess am effektivsten. Es werden so nicht nur thematische Wünsche berücksichtigt, auch gruppendynamische Entscheidungen und persönliche Haltungen fließen mit in den Wahlprozess ein. Sympathie und Abneigung, Unsicherheit oder Machtstrukturen in einer Gruppe bestimmen neben dem eigentlichen „Thema" den Lernprozess immer mit. Ebenso gewährleistet die vollständige soziometrische Wahl ein Höchstmaß an Mitbeteiligung.

Bei der Exploration versuchen die Spielleiterin und der Protagonist das von der Gruppe gewählte Thema (zugleich das Thema des Protagonisten) in Szene zu setzen. Das geschieht zunächst narrativ. Hilfreich ist als Einstieg, wenn die Personen, die den Protagonisten gewählt haben, ihre Wahl begründen. Die Exploration sollte sich nicht im Verbalen verlieren. Der Leiter ist bemüht, bei den Aussagen des Protagonisten auf erwähnte Personen, Handlungen, Orts- und Zeitangaben oder konfliktträchtige Situationen zu achten, um diese möglichst rasch in eine Szene umzusetzen.

Beim Aufbau der Szene wird meistens der „innere Situs" der Protagonistin zum Ausgangspunkt des Spiels gewählt. Ein „Moment" ihrer inneren Vorstellungswelt wird verräumlicht und in Szene gesetzt. Die „innere Vorstellung" wird inszeniert. Möglich ist es aber auch, eine reale Situation aus dem Erfahrungsbereich des Protagonisten auf die Bühne zu bringen. Dabei ist Detailtreue nicht entscheidend, es geht auch nicht um die genaue Rekonstruktion, vielmehr ist das Augenmerk auf den experimentellen Umgang mit einer vorgegebenen Situation zu richten.

Beim Ein-Doppeln stellt sich der Spielleiter hinter einen Spieler. Er legt seine Hände auf dessen Schultern. Er erzählt von der zu übernehmenden Rolle: „Du bist nicht mehr Silvia, du bist jetzt Martha, die Köchin im Haus des Professors Dr. Martin Luther. Er ist Priester. Du musst seinen Haushalt führen. Oft bringt er überraschend Gäste mit. Du musst dann dafür sorgen, dass genügend Essen auf dem Tisch steht. Das ärgert dich …"

---

31  Denkbar ist auch, dass zwei Spiele nacheinander durchgeführt werden; oft hat sich aber zwischenzeitlich vor Beginn des zweiten Spieles die Interessenlage geändert.

Unentbehrliche Spieltechnik ist der Rollentausch. Dabei tauschen zwei Akteure die Rollen. Das Tauschen ist z. B. angebracht, wenn es zu direkten Fragestellungen kommt. Dann muss die fragende Person in die Rolle der befragten Person schlüpfen und sich so selbst aus der neuen Rolle heraus die Antwort geben. Die Aufforderung zum Rollentausch lautet: „Tauschen!"

Der Ringtausch setzt große Professionalität des Leitenden voraus. Dann wird auf mehreren Positionen gleichzeitig getauscht. Oftmals müssen die Akteure dann erst herausfinden, welche Rolle sie nun spielen. Der Spielfluss gerät ins Stocken. Da solch ein Tausch meistens zu Rollenverunsicherung führt, sollte er möglichst behutsam eingesetzt werden. Alle Spieler müssen ausreichend Zeit haben, um sich auf die neue Rolle einzustellen.

Beim Rollenwechsel übernimmt ein Spieler / eine Spielerin eine neue Rolle. Der Spielleiter wählt eine Person aus, die bisher eher eine Nebenrolle gespielt hat, und weist ihr eine neue Rolle zu. Ohne den Spielfluss zu unterbrechen unterrichtet er sie vom Rollenwechel und weist sie in die neue Rolle ein, z. B.: „Du bist jetzt ein grünes Männchen und kommst von Mars. Du siehst das hier und sagst…"

Doppeln wird jene Technik genannt, bei der der Leiter oder ein Mitspieler die Aufgabe des „Doppelgängers" bekommt. In dieser Funktion fühlt er sich in die Rolle des Protagonisten ein. Er spricht in empathischer Anteilnahme Gedanken und Gefühle des Spielers / der Spielerin aus. Dabei steht oder sitzt der Doppelgänger hinter der zu doppelnden Person. Nach jeder gedoppelten Aussage wartet er ihre Reaktion ab, so kann der Doppelgänger Zustimmung oder Ablehnung wahrnehmen und sich gegebenenfalls korrigieren. Durch das Doppel kann das Spiel dramatisch zugespitzt werden, weil sich ein Doppelgänger traut, das auszusprechen, was der Protagonist zwar fühlt, aber nicht wagt, öffentlich zu artikulieren. Doppeln ist eine „einfühlende Unterstützung" und hilft bei der Selbstwahrnehmung.[32]

Die „dritte" Position oder die des „hohen Stuhles" ist besonders gut als Abschlusstechnik geeignet. Ein Spieler geht aus dem Spielraum heraus und schaut sich die Szene reflektierend von außen an. Steigt er auf einen Stuhl, hat er von schräg oben einen Blick auf die Szene. Er kann so einen neuen Blick für „seine Lage" gewinnen. Seine Rolle kann durch einen Doppelgänger besetzt werden. Der Spieler wird vom

---

**32**  *G. Leutz,* Psychodrama, Berlin 1974, S. 45 f. – Doppeln ist dann angebracht, wenn Personen, die nicht besonders sprachbegabt sind, spielen.

Leiter aufgefordert, aus der dritten Position heraus sich etwas zu sagen oder zu raten und das Geschehen zu kommentieren.

Eine weitere Technik ist die des Spiegelns. Sie sollte vorsichtig eingesetzt werden. Hier übernimmt der Leiter oder ein Mitspieler die Position eines anderen Spielers und ahmt dessen Haltung, Gestik und Sprache nach. Der Spieler, der gespiegelt wird, schaut sich von außen die Szene an. Bei dieser Technik besteht die Gefahr des „Vorführens".

Bei Techniken wie dem Spieler-Interview (der Leiter interviewt einen Spieler während des Spieles), dem Monolog oder des Selbstgespräches (der Leiter fragt den Protagonisten nach Gefühlen und regt einen inneren Monolog, ein Selbstgespräch, an) muss der Leiter bedenken, inwieweit es angebracht ist, den Spielfluss zu unterbrechen, denn diese Methoden sind narrativ ausgerichtet. Die Akteure werden „aus dem Spiel" genommen. Zu empfehlen sind die Methoden dann, wenn sich eingeschliffene Muster wiederholen, nur noch Floskeln und Allgemeinplätze ausgesprochen werden, die Dramatik schwindet und das Spiel neue Impulse braucht, die eventuell im Interview erkundet werden können.

**Das Protagonistenspiel**

Alter: ab 11 Jahre
Zeitaufwand: 2 Std. und mehr
Material: Stühle

## Um was es geht

Das Protagonistenspiel ist die umfassendste Form der Psychodramaarbeit. In der Bildungsarbeit wird es bei Supervisionen, der Erwachsenenarbeit und im Coaching eingesetzt, von erfahrenen Lehrkräften auch im Unterricht. Neben Fachwissen und didaktischen Fähigkeiten muss der Psychodramapädagoge bei diesem Verfahren ein hohes Maß an Flexibilität mitbringen, um auf die Bedürfnisse der Teilnehmenden im Hier und Jetzt eingehen zu können. Das Protagonistenspiel geht über eine Methode, die man mal „eben so" anwendet, weit hinaus. Es ist ein Verfahren, in dem Aktion und Selbstreflexion, Gruppenprozesse und inhaltliche Auseinandersetzungen mit einem Thema zugleich stattfinden. Oft werden sehr individuelle Probleme auf die Bühne gebracht, deren Bearbeitung immer auch eine Gratwanderung zwischen öffentlichem Unterricht und seelsorgerlicher Verantwortung ist.

Die Bedeutung des Protagonistenspiels liegt darin, dass konkrete Lebenserfahrungen der Lernenden aufgenommen und ins Spiel gebracht werden können. Die von einem Lernenden gezeigte Darstellung ist für die Lerngruppe hilfreich. Stellvertretend zeigt er / sie, was möglicherweise auch andere bewegt. Im gegenseitigen Anschauen, im Mitwirken und im Austausch untereinander geling gemeinsames Lernen an Konfliktsituationen.

Auch das Protagonistenspiel ist immer ein Gruppengeschehen. Der Protagonist wird von der Gruppe gewählt (s.o.: soziometrische Wahl) und erhält von der Gruppe einen Auftrag. Der Protagonist erhält zwar die Bühne für sein Spiel, aber er handelt stellvertretend für die Gruppe. Wichtig ist für den unterrichtlichen Kontext, darauf zu achten, dass möglichst viele Gruppenmitglieder mit in das Spiel einbezogen werden oder sie Aufgaben für eine teilnehmende Beobachtung erhalten, damit sie entweder in den Spielprozess aktiv eingebunden sind oder aufmerksam das Spielgeschehen beobachten. Wer mitmacht, lernt intensiver.

Der Protagonist ist sowohl Autor als auch Hauptdarsteller des Dramas. Er inszeniert mit Unterstützung des Leiters die von ihm gewählte Szene. Alle vom Protagonisten gewählten Personen und Inhalte, seine Beziehungen zu anderen, seine Fantasien und Konflikte, seine Träume und Wünsche können auf die Bühne kommen. Im Augenblick des Spieles werden sie wirklich und wirken – sowohl auf den Protagonisten selbst als auch auf die Mitspieler.

Der Spielleiter bleibt außerhalb der Szene, er stört möglichst nicht den Spielfluss. Er beobachtet wachsam, was die Teilnehmer bieten, um es gegebenenfalls als weiteren Impuls zu nutzen.

Die Mitspieler des Protagonisten werden „Hilfs-Ich"s genannt. Der Protagonist wählt sie aus, damit sie Rollen seiner „Vorstellung" übernehmen. „Hilfs-Ich"s sind sie, weil sie „Teile der Umwelt und Teile der Struktur des Protagonisten repräsentieren."[33] Sie helfen ihm „sich selbst zu fühlen, seine eigenen Probleme selbst zu sehen und einzuschätzen."[34] Der Psychodramaleiter sollte den Hilfs-Ichs genügend Raum geben, sich „spielend" in die Rolle hineinzufinden. Es wird nicht erwartet, dass sie die vom Protagonisten vorgegebenen Rollen nachspielen, das ist sowieso nicht möglich, vielmehr wird von ihnen eigene Spontaneität und Kreativität in der Rollengestaltung gewünscht, damit es im „Hier und Jetzt" der Aktion dramatisch wird.

Es reicht aus, wenn die Hilfs-Ichs Alter, Name und gegebenenfalls Beruf kennen und über den Ort der Handlung und die Beziehung zum Protagonisten (z. B. Verwandtschaftsverhältnis) jener inneren Figuren, deren Rolle sie übernehmen, informiert werden. Der Leiter kann sie durch Zeichen in ihrer Spielfreude anregen oder stoppen.

Sie helfen der Gruppe, sich die vom Protagonisten vorgegebene Szene vorzustellen. Gerade dann, wenn Hilfs-Ichs Varianten zu den inneren Vorstellungen des Protagonisten zeigen, kann die bisherige Selbstwahrnehmung des Protagonisten in Frage gestellt und erweitert werden. Auch wenn das Spiel anders verläuft als sein bisheriges Leben, so sammelt er im Spielprozess neue Erfahrungen und Alternativen.

Zu Beginn des Spieles steht meistens die direkte Aufforderung des Leiters an den Protagonisten: „Denk mal laut." – „Wem möchtest du etwas sagen?" „Sag es direkt!" Um am Ende des Spiels aus dem Spielfluss herauszukommen, fragt der Leiter den Protagonisten nach seiner Befindlichkeit. Das Spiel wird unterbrochen, der Pro-

---

**33** *K. Zeintlinger-Hochreiter*, a.a.O., S. 20. – Ich halte den Begriff „Hilfs-Ich" für irreführend, da so der Eindruck erweckt wird, allein der Protagonist stehe im Mittelpunkt des Spieles. Das Psychodrama ist aber ein Geschehen in der Gruppe. Der Protagonist wird von der Gruppe gewählt, weil er deren Thema repräsentiert. Die „Hilfs-Ich"s haben im Spielprozess nicht nur helfende Funktion, sie sind Mitwirkende und Mitgestaltende des Spiels.

**34** *J. L. Moreno*, Gruppentherapie und Psychodrama, Stuttgart 1973, S. 99.

tagonist bekommt Zeit, sich auf sich selbst sowohl emotional als auch kognitiv zu konzentrieren.

Nach dem Spiel entlässt der Protagonist die Hilfs-Ichs aus ihren Rollen und baut die Szene ab. Bei der Rollenentlassung sagt der Protagonist zum Beispiel zu jener Mitspielerin, die seine Mutter gespielt hat: „Du bist nicht mehr meine Mutter Inge. Du bist jetzt wieder die Anne." Eine Rückführung aus dem Spielgeschehen in die Realität der Gruppe erfolgt.

Spielanfang und -ende sind genau markiert. Die Verabschiedung aus den Rollen und das Wegräumen der Stühle ermöglichen den gestalteten Übergang vom Bühnenraum zurück in den Klassen- oder Gruppenraum.

Zum abschließenden Sharing teilen zunächst die Hilfs-Ichs und die Zuschauer ihre Eindrücke und Erlebnisse zu dem dargestellten Thema mit. Dabei dient das vorangegangene Spiel als Anknüpfungspunkt, eine Beurteilung des Spiels wird vermieden. Durch das Sharing bringen sich die Gruppenmitglieder mit in das Thema ein. Dadurch gewinnt das von der Mehrzahl der Gruppenmitglieder gewählte Thema an Komplexität.[35] Abschließend äußert sich die Protagonistin / der Protagonist. Das Sharing kann dazu führen, dass Material für neue Spiele mit anderen Protagonisten zum Vorschein kommt.


## Was wir machen (Vorschlag: Schweinefleisch ess ich nicht!)

Spiel einer BVJ-Klasse, zu der überwiegend türkischstämmige Schüler gehörten

*Aus der Exploration*

Lehrer:  Du isst gern?
Akram:  Aber nicht alles.
Lehrer:  Was isst du am liebsten?
Akram:  Döner und Pizza – Aber ohne Fleisch.
Lehrer:  Ohne Fleisch?
Akram:  Da könnte Schweinefleisch drin sein. Schweinefleisch esse ich nicht.
Lehrer:  Hast du schon mal ein Essen mit Fleisch abgelehnt, weil du Angst hattest, es könnte Schweinefleisch sein?
Akram:  Nie. Ich esse Fleisch nur zu Hause und bei Türken. Nie bei Deutschen.

---

**35**  Ich meide beim Protagonistenspiel möglichst das Rollen- und Identifikations-Feedback, da mit dieser Form im Rahmen des Sharings oftmals indirekte Kritik an dem Spiel des Protagonisten verbunden ist.

Lehrer:  Hast Du keine deutschen Freunde?

Hakan  *(wirft ein und grinst dabei):* Sogar eine deutsche Freundin.

Akram  *(zu Hakan):* Halt's Maul!

Lehrer:  Bist du schon mal von Deutschen zum Essen eingeladen worden?

Akram:  Ja, aber lehne ich immer ab!

Lehrer:  Wann warst du das letzte Mal eingeladen?

Akram:  Letzten Sonntag bei meiner Freundin.

*Das Spiel*

> Ich entscheide mich, Akram die Szene aufbauen zu lassen: Eine deutsche Familie sitzt am Esstisch. Fünf Stühle stehen am Tisch. Akram erklärt kurz den Ort und besetzt die Rollen. Achmet soll den Vater spielen, aber der weigert sich strikt, überhaupt bei dem Spiel mitzumachen. Viktor ist bereit, die Rolle des Vaters zu übernehmen. Der Sohn wird von Hakan gespielt. Oliver übernimmt die Rolle der Mutter. Resul ist die Tochter. Akram verteilt Namen: Der Vater heißt „Ernst", die Mutter „Brigitte", der Sohn „Sven" und die Tochter „Nadine". Akram kommt zu Familie Schmidt und will Nadine abholen. Sie wollen nach G. ins Kino fahren.

Akram:  Guten Tag. Ich möchte Nadine zum Kino abholen.

Vater:  Du bist also der Freund von Nadine? Ins Kino wollt ihr? *(Grinst)*

Akram:  Ja, ins Kino.

Vater:  Junge, setz dich mal hin und iss erst mal was. *(zur Mutter):* Hol mal 'nen Teller.

*Akram nimmt Platz. Die Mutter holt einen Teller und stellt ihn an Akrams Platz.*

Nadine  *(zu Akram):* Schön, dass du gekommen bist. Ich freue mich so auf den Film.

Vater:  Nun iss mal erst 'nen ordentliches Stück Fleisch *(legt ihm ein Stück Fleisch auf den Teller).*

Sven:  Mensch, das ist doch ein Türke, der isst kein Schweinefleisch.

Vater:  Quatsch nicht dumm rum, Fleisch ist Fleisch.

Akram:  Danke, ich möchte kein Schweinefleisch.

Vater:  Warum?

Akram:  Das ist Religion, Moslems essen kein Schweinefleisch.

Vater:  Religion ist dir wichtiger als Essen?

Akram:  Kein Moslem isst Schweinefleisch. Das ist Religion.

Sven:  Ach komm, Moslems dürfen auch nicht pokern, aber du pokerst.

Akram:  Pokern ist was anderes als Schweinefleisch essen.

Lehrer:  Tauschen!

*Akram und Sven tauschen die Rolle. Akram spielt nun den Sohn Sven, Sven ist Akram. Sven wiederholt noch einmal den Satz, den Akram zuletzt gesagt hat: „Pokern ist etwas anderes als Schweinefleisch essen." Akram reagiert nun aus der Rolle von Sven darauf.*

Sven    *(gespielt von Akram):* Im Koran steht, Pokern ist verboten.

Akram    *(gespielt von Sven):* Jeder macht mal einen kleinen Fehler.

Sven:    Halt dich gefälligst an alle Gebote.

Lehrer:    Tauschen!

*Akram und Sven tauschen in ihre ursprünglichen Positionen zurück.*

Sven    *(wiederholt noch einmal):* Halt dich gefälligst an alle Gebote.

Akram:    Schweinefleisch essen ist die schlimmste Sünde.

Vater:    Du willst doch wohl nicht behaupten, wir sind Sünder!

Akram:    Nein, nur für Moslems ist das Sünde.

Vater:    Alle Deutschen essen Schweinefleisch und ihr Türken müsst euch mal an unsere Sitten gewöhnen.

Nadine:    Ach, lass ihn doch. Ich mag auch viel lieber Döner. Türkisches Essen ist super.

Vater:    Nun fang du auch noch an. Deutsche essen Schweinefleisch, damit basta. Und wenn dein Lover mit dir ausgehen will, dann muss er erst mal Schweinefleisch essen.

Akram:    Ich esse kein Schweinefleisch. Für nichts in der Welt würde ich das tun, auch wenn ich 100 000 € dafür bekomme.

Vater:    Du hast ja 'nen Knall. Nicht mal für 100 000 €!? Da würd ich sogar Rattenfleisch essen.

Sven    *(zu Akram):* Würdest du denn Autos klauen für eine Million?

Akram:    Eher Autos klauen als Schweinefleisch essen.

*Aus dem Sharing:*

> Die Schüler erzählen, war für sie am schlimmsten wäre. Hakan würde nie für Geld auf den Strich gehen. „Arschficken" ist für ihn das aller Letzte. – Oliver meint: „Für Geld würde ich keinen umbringen." – „Keine Straftat!", sagt Viktor, und die anderen grinsen. – Akram sagt noch: „Ich esse kein Schweinefleisch,, weil meine Mutter das so will. Das ist Gesetz und das ist gut so."

## C2 Das Stegreifspiel

Alter: ab 8 Jahre
Zeitbedarf: 2 Std. und mehr
Material: Requisiten nach Bedarf

## Um was es geht

Anders als im Protagonistenspiel, in dem der Protagonist das Spielgeschehen mehr oder weniger bestimmt, ist es beim Stegreifspiel die gesamte Lerngruppe. Wichtig ist, dass der Spielleiter das Gruppengeschehen aufmerksam beobachtet und darauf achtet, dass das Spiel dramatisch konzipiert ist und im Fluss bleibt.

Im Stegreifspiel können Zeit und Raum kreativ gestaltet werden. Der Klassenraum kann zum Versammlungsraum einer Christengemeinde in Jerusalem werden, die Lernenden übernehmen die Rollen fiktiver Personen aus der damaligen Zeit. Probleme der ersten Christen werden diskutiert. Zugleich treten Personen aus unserer Zeit auf und befragen die ersten Christen. Der Einfallsreichtum der Akteure ist gefragt.

Dabei wird im Spiel nicht einfach eine literarische Vorlage, eine Erzählung oder Ereignis nachgespielt. Im Akt des Spielens wird die Wirklichkeit geschaffen, die das Spiel behauptet. Sind die Akteure zum Beispiel im Jahre 78 nach Christus in Jerusalem, so tun sie nicht nur so und spielen ihre Rollen, „als ob" sie eine Person der damaligen Zeit in einer ihnen unbekannten Stadt seien, im Spiel sind sie in Jerusalem. Zugleich bringen die Akteure ihre eigene Befindlichkeit und ihre Vorstellungen von einer Rolle mit ins Spiel ein. Ein Zusammenwirken von Vergangenheit und Gegenwart ereignet sich. Gegenwärtig Lernende sind im Spiel in Jerusalem und das Jerusalem des ersten nachchristlichen Jahrhunderts ist gegenwärtig. Im Spiel entsteht eine Schnittmenge, in der biblische Aussagen und aktuelle Spielwirklichkeit zusammenfallen.

Neben der Skizzierung der Ausganglage, der Figuren (vom Spielleiter bestimmt oder von den Akteuren frei gewählt), des Spielortes und des Zeitpunktes können auch Kostüme und Requisiten hilfreich sein. Manchmal reichen Hüte, verschiedenfarbige Tücher, Stöcke, Bücher …

## Was wir machen (Vorschlag: In Jerusalem)

Nach dem Warming-up doppelt der Spielleiter die im Kreis sitzenden Mitwirkenden in die Situation ein. Er erzählt, dass wir uns im Jahr 78 nach Christus befinden. Er selbst stellt sich als Gemeindeleiter vor, der zur wöchentlichen Zusammenkunft der jungen Christengemeinde einlädt. Dann tritt er hinter einen Akteur und führt so die erste Personen in das Spielgeschehen ein.[36]

„Ich bin Bartimäus. Ich bin Jesus selbst noch begegnet. Früher war ich blind. Er hat mich sehend gemacht. Ich glaube fest daran, dass Jesus Wunder vollbringen kann."

*Dann folgen weitere Personen.*

„Ich heiße Johannes. Ich bin sehr arm. Ich muss betteln. Ich komme zu den Christenversammlungen, weil es dort immer etwas zu essen gibt. Ich glaube zwar nicht an Jesus, aber hier werde ich satt. Und das ist das wichtigste."

„Mein Name ist Sophia. Ich komme aus Korinth. Jetzt bin ich gerade in Jerusalem, um die Stadt kennenzulernen. Mein Vater ist sehr reich, er hat mir die Studienreise geschenkt. Ich bin neugierig, wer die Christen sind. Man hört ja die unterschiedlichsten Meinungen über diese Gruppe. Ich will mir selbst ein Urteil bilden. Heute bin ich das erste Mal dabei."

„Ich heiße Marta. Ich bin Witwe. Mir gehört das Haus, in dem sich die Gemeinde versammelt. Ich habe es von meinem Mann geerbt. Weil ich mich so allein fühle, freue ich mich über jede Abwechslung. Ich habe gern Gäste und bin gern Gastgeberin."

„Ich heiße Michael. Ich bin in der Gemeinde für die Finanzen zuständig. Wir geben immer einen Teil unseres Einkommens ab. Mit dem Geld können wir dann anderen in der Gemeinde helfen, die in Not geraten sind."

„Ich bin Rahel, eine Schwester von Jesus. Ich bin mit ihm in Nazareth aufgewachsen. Was Jesus alles so angestellt hat, war manchmal sehr seltsam. Früher habe ich das nicht richtig verstanden. Sein Tod war entsetzlich. Doch heute weiß ich, dass er

---

**36**   Ich wähle das Verfahren des Eindoppelns bewusst. Traditionell wird in Rollenspielen mit Spielkarten gearbeitet, Eine Spielkarte wirkt jedoch im Spiel störend. Wie bei einem Lesespiel wird die Rolle dann oft abgelesen. Im Stegreifspiel ist aber das spontane agieren wichtig. Außerdem hemmt die Rollenkarte das Spiel der Mimik und Gestik. Theaterspielen ist Körperarbeit. Außerdem: Niemand spielt bei einer Theateraufführung mit seinem Rollenheft in der Hand, außer bei den Proben.

in vielen Dingen recht hatte. Doch ob er wirklich Gottes Sohn war, da habe ich so meine Zweifel."

„Mein Name ist Timotius. Ich bin gegen die Römer. Der Jesus hat den Römern die Meinung gesagt. Er ist zwar gekreuzigt worden, aber der Kampf geht weiter. Wir müssen gegen die Besatzungsmacht Widerstand leisten."

„Ich bin Anna, ich gehöre schon seit drei Jahren zur Christengemeinde. Ich bin verheiratet und habe zwei Kinder. Gestern ist etwas Schlimmes passiert. Mein Mann Simon ist von den Römern verhaftet worden, weil er sich zu Christus bekannt hat. Er wurde von einem römischen Soldaten gezwungen, sich vor einer Kaiserstatue zu verbeugen. Das hat er abgelehnt mit den Worten: Ich glaube, dass Christus mein Herr ist und nicht der Kaiser. – Nun sitzt er im Gefängnis. Ich weiß nicht, was ich machen soll."

„Mein Name ist Jakob. Ich bin heute hier, weil Anna mich gebeten hat, mitzukommen. Ich bin ihr Bruder. Ich glaube zwar nicht an Christus – was Wunder betrifft, da habe ich so meine Zweifel – aber der Anna zuliebe sitze ich heute hier.

*Weitere Rollen werden erfunden, sodass alle in der Lerngruppe eine Rolle übernehmen können.*

Der Gemeindeleiter beginnt die Versammlung, indem er alle Anwesenden im Namen Jesu Christi begrüßt und ein Gebet spricht. Dann fragt er, was in der letzten Woche geschehen ist. Er bittet Anna zu erzählen. Sie berichtet von der Gefangennahme ihres Mannes. Das Spiel nimmt seinen Lauf. Der Spielleiter fördert in der Rolle des Gemeindeleiters die Dynamik des Spieles. Er spricht konkret einzelne Personen an und fragt nach ihrer Meinung. Gemeinsam wird nach möglichen Lösungen gesucht. Schließlich sagt der Gemeindeleiter: „Kurz vor unserer Versammlung habe ich einen Brief von Matthäus erhalten. Ihr kennt Matthäus, er schreibt an einer Jesusgeschichte, sein Werk nennt er Evangelium. Ich lese euch diesen Brief vor."

*Ihr Lieben,*

wenn ihr in Schwierigkeiten geratet, erinnert euch an folgende Begebenheit:

*Es folgt die Geschichte der Sturmstillung, Matthäus 8,23–27.*

Der Brief wird diskutiert.

## Praxiserfahrungen

In einem Spiel wurde danach gefragt, ob vielleicht beten helfen könnte. Die Frage wurde abschlägig behandelt. Andere Spieler fragten, was denn solch ein komischer Brief solle. Sie regten sich über Matthäus auf. Sie verfassten einen Brief mit der Bitte, Matthäus möge den Sinn und Zweck seiner Sturmstillungsgeschichte erklären. Die fiktive Antwort des Evangelisten wurde in der nächsten Stunde diskutiert. In einem anderen Spiel sagt jemand: „Wir müssen endlich handeln. Wir müssen das Gefängnis überfallen!" – „Wenn Jesus noch leben würde, wäre manches leichter." – „Aber die Römer haben ihn gekreuzigt."

Die Spielidee lässt sich beliebig wiederholen. Der Akteure können sich immer besser in die Rolle hineindenken und -fühlen. Neue Probleme tauchen in der Gemeinde auf: Soll man römische Soldaten in die Gemeinde aufnehmen? Ist die Taufe notwendig, um zur Gemeinde zu gehören? Jemand hat gestohlen, soll er aus der Gemeinde ausgeschlossen werden? Soll die Gemeinde den Sabbat oder den Sonntag feiern? Ist das Abendmahl eine kultische Feier oder ein Essen zum Sattwerden? Soll die Gemeinde einen Aussätzigen pflegen? – Die Evangelisten oder Paulus schreiben an die Gemeinde in Jerusalem regelmäßig Briefe mit der Bitte, doch einmal die Geschichten und Texte zu bedenken.

Damit keine Rollenfixierung geschieht, ist es hilfreich, nach einer gewissen Zeit neue Rollen einzuführen und die Rollen neu zu besetzen. Das Setting kann geändert werden. Zum Beispiel durch eine Gemeinde in Bethlehem oder Nazareth.


## Weitere Ideen für Stegreifspiele

In ähnlicher Form können biblische Geschichten und Themen ins Spiel gebracht werden, z. B.:

– Der Gelähmte vom Teich Betesda (Johannes 5,1–9) kommt nach 38 Jahren nach Hause.

– Im Dorf sprechen die Bewohner in einem Gasthaus über das Verhalten des barmherzigen Vaters (Lukas 15,11–32).

– Thomas glaubt nicht an die Auferstehung (Johannes 20,18–29).

– Jesus – ein Fresser und Weinsäufer? Oder: Immer beschäftigt er sich mit den Außenseitern – Ein Streitgespräch.

- Alles teilen (Apostelgeschichte 2,42–47)?

- Männer und Frauen des Volkes Israel fragen nach 20 Jahren Wüstenwanderung, ob es sinnvoll war, aus Ägypten zu fliehen.

- In Vicosoprano soll eine „Hexe" hingerichtet werden.

- Der Streit um den Bau eines Minaretts ist entbrannt.

- Soll man aus der Kirche austreten?

- Unser Pfarrer ist geschieden. Sind Pfarrer Menschen wie alle anderen?

- Meine Großmutter soll in ein Pflegeheim.

Zu fast jeden Unterrichtsinhalt lassen sich solche Spiele gestalten. Allerdings sollte bei dem Arrangement darauf geachtet werden, dass es immer auch zu Kontroversen kommen kann, werden alle Rollen von ihrem Charakter her ähnlich besetzt, verliert das Spiel an Spannung.

Ist das Setting so ausgerichtet, dass die Spieler nach einer Warming-up-Phase ihre eigene Rolle finden, dann ist seitens des Spielleiters darauf zu achten, dass sich im Laufe des Spieles immer auch Gegenrollen bilden. Sollte das nicht der Fall sein, kann der Spielleiter neue Impulse setzen: Er kann z. B. jemanden auffordern, der sich bisher sehr ruhig verhalten hat, eine Gegenrolle zu den übrigen Rollen zu übernehmen; er kann auch einen „Joker" ins Spiel bringen, z. B. einen Brief oder eine neue Information.

Szenisches Spiel

## Um was es geht

Anders als im Stegreifspiel, bei dem die Spielenden das Spiel mitbestimmen, wird das szenische Spiel von der Idee des Spieles, dem Spielort und dem Spielgeschehen vom Spielleiter vorgeprägt. Die Spieler können ihre Rollen dann ausleben, wenn der Spielleiter dazu die Anweisung erteilt. Beim szenischen Spiel ist der Spielleiter eher Regisseur. Allerdings achtet er auch hier auf das Gruppengeschehen und nimmt das, was von den Akteuren gezeigt wird, mit in das Spielgeschehen auf.

## Was wir machen (Vorschlag 1: Komm, wir fahren nach Cainerda)

Alter: ab 10 Jahre
Zeitbedarf: 2 Std. und mehr
Material: Papier für „Container"

„In zehn Minuten fahren wir nach Cainerda." Mit diesen Worten leitet der Spielleiter eine Reise auf eine unbekannte Insel ein. „Ihr seid alle herzlich eingeladen, mitzukommen. In Cainerda wird gut für euch gesorgt. Da gibt es genügend zu essen und zu trinken, es ist warm, die Nächte sind lau, das Land ist fruchtbar, alles, was das Herz begehrt, wächst dort. Cainerda gehört uns ganz allein. Wie der Name sagt, lebt in Cainerda aktuell keiner und keine. – In zehn Minuten geht die Reise los. Dafür könnt ihr einen Container packen. Das Besondere an dem Container ist, er hat sechs Fächer. Diese Fächer können alle Gegenstände aufnehmen, wirklich alle, ob eine Lokomotive oder eine Stecknadel. Doch wenn ein Gegenstand in einem Fach ist, dann ist es voll, auch wenn der Gegenstand noch so klein ist, nichts passt mehr hinein. Hier sind eure Container."

*Der Spielleiter verteilt an jeden und jede einen Zettel, auf dem sechs Felder eingezeichnet sind.*

„Nehmt das mit, was ihr in Cainerda unbedingt braucht. Allerdings gibt es keinen Platz für Tiere, wenn es sein muss, haben sie im Handgepäck Platz, das gleiche gilt für eure beste Freundin oder euren besten Freund."

*Die Teilnehmer/innen füllen in Einzelarbeit die Felder aus. Nach genau zehn Minuten fährt der Spielleiter fort:*

„Da ist schon die Spedition mit ihren Lastwagen. Die Container werden verladen. Wir haben uns am Bahnhof versammelt. Der Bahnhofsvorsteher begrüßt uns herzlich. Wir bekommen ein Luxusabteil in der 1. Klasse. Ein Kellner serviert den Begrüßungsdrink. Die Reise beginnt. Schon gibt der Zugleiter das Signal. Der Zug setzt sich in Bewegung. *Schu, schu schu…* Das Abendessen wird serviert. Es sind Delikatessen. Doch plötzlich stoppt der Zug. Wir halten vor einer altertümlich aussehenden Brücke.

Der Schaffner erklärt uns, dass die Brücke für eine solche große Traglast nicht geeignet sei. Es könnten nur acht Container auf die andere Brückenseite transportiert werden. Er schlage vor, dass sich Gruppen bildeten, die die Container so entsorgten, dass alles Notwenige noch in acht Containern Platz habe. Allerdings müssen die Arbeiten schnell erledigt werden, da in 15 Minuten auf der einspurigen Strecke ein Gegenzug nahe, dem man nicht ausweichen könne."

*Es bilden sich acht Gruppen / Paare, die ihre bisherigen Container entsorgen und neu so füllen, dass nur noch 48 Gegenstände verteilt auf 8 Container (pro Gruppe ein Container) mit je 6 Gegenständen übrig bleiben. Die Auswahl muss aus den bisher mitgeführten Sachen getroffen werden. Für das Neuverladen erhält jede Gruppe ein neues DIN-A4-Blatt mit sechs Feldern. Nach 15 Minuten:*

„Uff, die Arbeit wäre geschafft. Die Fahrt geht weiter. Die Brücke hält. Nach wie vor versorgt uns der nette Kellner mit allem, was wir uns an Getränken oder Speisen wünschen. Doch plötzlich wieder ein Stopp. Wieder erscheint der Schaffner. Diesmal erklärt er uns, dass auf dieser Strecke ein steiler Anstieg zu bewältigen sei, die Lokomotive aber zu schwach für alle Container sei. Nach Auskunft des Lokführers könnten höchstens vier Container transportiert werden. Auch diesmal müssten die Umräumarbeiten zügig geschehen. Der Gegenzug – wir wüssten ja Bescheid."

*In vier Gruppen werden die mitgeführten Gegenstände auf 24 reduziert. Jede Gruppe darf sechs Gegenstände mitnehmen. Auch jetzt wird ein DIN-A4-Blatt mit sechs Feldern verteilt, auf dem die Gegenstände vermerkt werden. Nach weiteren 15 Minuten:*

„Ihr glaubt es kaum, aber der Berg liegt hinter uns. Hoffentlich verläuft nun die Fahrt nach Cainerda ohne weitere Zwischenfälle. Nach sechs Stunden Fahrt haben wir endlich die Hafenstadt erreicht, in der unser Schiff nach Cainerda vor Anker liegt. Der Kapitän begrüßt uns herzlich, ist aber über unser Gepäck erstaunt. Vier Container seien zu viel, er könne nur zwei Container verladen. Die Reisegruppe müsse ihr Gepäck auf die Hälfte reduzieren. Allerdings müsse er ein wenig drängeln. Wegen der Gezeiten sei die Abfahrtszeit bereits in 15 Minuten."

*Wie bereits zwei Mal erprobt reduzieren nun die Mitspieler in zwei Gruppen ihre Gegenstände auf je 6. Wieder werden diese ausgewählten Gegenstände auf ein DIN-A4-Blatt fixiert. Nach der Gruppenarbeit fährt der Spielleiter fort:*

„Hört ihr die Schiffssirene? „Tut, tut". Der Dampfer legt ab. Die Begrüßung ist herzlich. Wir werden zu einem Galadiner eingeladen, das all unsere Vorstellungen übertrifft. Die feinsten Speisen werden serviert, leise Musik im Hintergrund. Zufrieden und gut gesättigt legen wir uns in unsere Kabinen zur Ruhe. Plötzlich, mitten in der Nacht ein lautes Heulen der Sirene. Alarm. Der Kapitän meldet sich aufgeregt zu Wort: Alarm, ein gewaltiger Orkan ist im Anzug. Unsere Ladung ist gefährdet. Wir müssen einen Container über Bord werfen, nur einen können wir sicher verstauen. Schnell an die Arbeit, in 10 Minuten muss alles erledigt sein."

*Diesmal dürfen nur noch sechs Gegenstände mitgeführt werden. Die sechs übriggebliebenen Gegenstände werden für alle sichtbar an der Tafel notiert.*

„Land in Sicht. Den schweren Sturm der vergangenen Tage haben wir überstanden. Wir sind gerettet. Die Sonne scheint. Endlich haben wir Cainerda erreicht – wir und unsere sechs Gegenstande …"

## Zum Spiel

Bei diesem Entscheidungsspiel geht es darum, herauszufinden, was für die Lerngruppe aktuell am wichtigsten ist. Mit den übriggebliebenen sechs Gegenständen wird man in „Cainerda" leben müssen. Die Entscheidungsprozesse sind dabei offen. Nach welchem Prinzip die Gruppen ihre Gegenstände auswählen, ist ihnen überlassen. Allein der Zeitdruck sorgt dafür, dass es zu Entscheidungen kommt.

An dem Spiel können durchaus bis zu 40 Personen beteiligt sein. Bei der Anzahl der Gruppen ist es wichtig, sie so zu wählen, dass schließlich sechs Gegenstände übrig bleiben können.
Die Gruppenanzahl muss folgende Anzahl umfassen: 64, 32, 16, 8, 4, 2. Die Gruppenanzahl muss immer durch 2 teilbar sein.
Bei 27 Teilnehmern des Spieles ist darauf zu achten, dass sich bei der ersten Entscheidungsrunde 8 Gruppen à 3 bzw. 4 Personen bilden.

Die Anzahl der Entscheidungsprozesse kann beliebig erhöht werden. In der geschilderten Erzählung waren 4 Hindernisse zu überwinden (Brücke, Berg, kleines Schiff und Sturm). Weitere Ereignisse könnten eine Entscheidung auf die Reduktion der Gegenstände nötig machen: Zerbrochene Achsen bei mehreren Containerwagen oder zu wenig Treibstoff für die Lokomotive. Allerdings sollte man darauf achten, dass die Entscheidungsfälle überschaubar bleiben, sonst kann es sein, dass einige Mitspieler aus dem Spiel aussteigen.

Um die Lerngruppe zum Mitspielen zu animieren, ist das Ausschmücken der Erzählung wichtig. Das sorgt für eine einladende Atmosphäre und nimmt die Akteure mit in den Spielprozess hinein. Ereignisse in der Gruppe können mit in die Erzählung eingewoben werden. „Jens ist noch nicht so weit. Zwei Minuten geben wir ihm noch, sonst kann er nur 4 Gegenstände mitnehmen." Oder: „Trotz heftigen Streits in der zweiten Gruppe liegt nun doch eine Einigung vor. Gott sei Dank bringt der Kellner einen Versöhnungsdrink. Der Streit ist schnell vergessen."

Das Spiel kann jederzeit unterbrochen werden. Es kann in mehreren Unterrichtsstunden à 45 Minuten – auch mit längeren Pausen dazwischen – gespielt werden. Die Erzählung wird dann so gestaltet, dass die Fahrt nach Cainerda sich über mehrere Tage erstreckt.

In Cainerda angekommen, stellen die Akteure fest, dass sie Regeln brauchen. Man hat nur ein Handy mitgenommen, wer darf es wann benutzen? Gelegentlich muss aufgeräumt werden, wer soll für den Putzdienst eingeteilt werden? Was geschieht bei Regelverstößen, wer kann Sanktionen aussprechen? Nach welchem System werden Entscheidungen getroffen? Allen ist klar: Cainerda braucht eine Verfassung. Auch diese kann mit Hilfe eines Entscheidungsspieles entstehen. Der Spielleiter kann auch Vorlagen einbringen, z. B. die 10 Gebote, Auszüge aus den Menschenrechten oder des Grundgesetzes.

Nachdem die Regeln verfasst worden sind, stellen die Bewohner von Cainerda den Antrag, als neuer Staat in die UN aufgenommen zu werden. Eine Kommission der Vereinten Nationen erscheint (der Spielleiter ernennt zwei oder drei Spieler zu UNO-Beauftragten), überprüft die Verfassung und befragt die Bewohner. Schließlich müssen alle Teilnehmer ihre bisherigen Erfahrungen mit Cainerda als Dokument bei der UNO einreichen. Die UNO-Beauftragten schreiben einen Schlussbericht, der von allen diskutiert wird. In dieser Form habe ich drei Monate lang den Religionsunterricht zu den Themen „zehn Gebote", „Menschenrechte", „meine Zukunft", „Leben in der Gruppe" in einer achten Klasse gestaltet.

In der Zwischenzeit ist Advent. Die Bewohner Cainerdas erinnern sich an Weihnachten zu Hause. Sie überlegen, wie sie in Cainerda Weihnachten feiern wollen. Dabei lassen sie sich von der Lehrperson beraten und bearbeiten die Fragen wie: „Seit wann gibt es Weihnachten?" – „Was wird von Weihnachten in der Bibel erzählt?" – „Wie feiern Menschen Weihnachten in anderen Ländern?"

## Was wir machen (Vorschlag 2: Viertelland[37])

Alter: ab 8 Jahre
Zeitbedarf: 2 Std. und mehr
Material: Krepppapier, Klebepunkte, Absperrband, farbige Brillen aus Folienstreifen

„Herzlich willkommen in Viertelland. Viertelland ist platt wie ein Pfannkuchen. Viertelland – wie könnte es anders sein – besteht aus vier Vierteln, die alle gleich groß sind. Und trotzdem sind alle Viertel grundverschieden. Es gibt ein blaues Viertel, ein rotes, ein gelbes und ein grünes. Alle Viertel sind natürlich durch Grenzen voneinander getrennt, denn keiner will mit einem Bewohner eines anderen Viertels etwas zu tun haben. In Rotland wohnen nur rote Menschen, in Grünland nur grüne, Blauland achtet sehr darauf, dass alle Bewohner blau sind, und in Gelbland gibt es nur gelbe Einwohner. Wehe, wenn ein Blauländer Kontakt mit einem Rotländer hat – das wäre eine Katastrophe…"

*Mit diesen Worten beginnt die spielerische Inszenierung von Viertelland. Der Spielraum ist in vier Sektoren aufgeteilt. Rot-weiß gestreiftes Absperrband markiert die Grenzen. Die*

---

37  Der Spielidee dieses Gottesdienstes liegt die Geschichte „Viertelland" von G. Ruck-Pauquèt zugrunde. Siehe Vorlesebuch Religion, Bd. 3 (Hg. Von D. Steinwede und S. Ruprecht), Göttingen 2005, S. 233 ff.

*Grenzen sind so angelegt, dass sie ein Kreuz bilden. In der Mitte stoßen alle Länder zusammen. Zu Beginn erhalten alle Besucher entweder rotes, gelbes, blaues oder grünes Krepppapier, Folienstreifen (durchsichtig) und Markierungspunkte in ihrer Landesfarbe. Sie werden ihrer Farbe entsprechend einem Viertel zugewiesen. Von Beginn an achten zwei „Polizisten" (Helfer) darauf, dass niemand sein Viertel verlässt. Wenn der Spielleiter von den Polizisten erzählt, nehmen sie Haltung an und patrouillieren entlang der Grenze.*

Damit keiner der Rotländer Gelbland betritt und immer alle Blauländer in Blauland und die Grünen in Grünland bleiben, kontrollieren jeden Morgen um 6.00 Uhr in der Frühe und um 6.00 Uhr am Abend Polizisten mit strengem Blick die Grenzen.

In Viertelland sind nicht nur die Menschen nach ihren Farben aufgeteilt, auch alles andere ist einfarbig. In Gelbland ist alles gelb, die Häuser, die Autos, die Schulen, die Feuerwehr, die Fahrräder, selbst die Zitronen sind gelb. In Rotland ist alles rot, die Handys, die Laptops, die i-phones, die Computer, das Internet ja, sogar die Tomaten. Dagegen ist in Blauland – ihr ahnt es schon – alles blau, die Sonne, der Mond, die Sterne und natürlich der Himmel, egal, ob es regnet oder schneit, die Sonne scheint oder ein Gewitter aufzieht.

Grünland kennt nur die Farbe Grün. Grün sind die Sonnenblumen, die Kartoffeln, die Mohrrüben, die Kürbisse ... ja, selbst die Wiesen leuchten in einem saftigen Grün. Ihr glaubt es nicht?

Ja, manchmal haben die Bewohner in Viertelland ihre Zweifel. Gott sei Dank besitzen alle Viertelländer eine farbige Brille, mit der alles im Nu die richtige Farbe bekommt. Probiert es aus und setzt eure Brillen auf.

*Der Spielleiter fordert die Viertelländer auf, ihre Folienstreifen vor die Augen zu halten.*

Mit der Kleidung ist das so: Die Gelbländer tragen nur gelbe Kleidung, die Roten rote, die Grünen grüne und die Blauen blaue. Von Kindheit an lernt jeder Viertelländer und jede Viertelländerin, sich in der jeweiligen Viertelfarbe zu kleiden. Jede Person hat einen Nähkurs besucht. Alle können ihre Kleider selbst gestalten. Einige nähen sich jeden Morgen eine neue Krawatten, andere tragen gern Hüte, ob Jacke oder Hose, Hauptsache, die Farbe stimmt.

*Der Spielleiter regt an, aus dem Krepppapier sich ein Kleidungsstück zu basteln.*

Die neusten Kreationen werden vorgeführt und bewundert – aber nur von den eigenen Viertelleuten.

*Es besteht die Gelegenheit, Kleidungsstücke wie bei einer Modenschau vorzuführen.*

In der Schule lernen die Rotländer nur rote Sprüche. Die Grünen kennen nur grüne Weisheiten, die Gelben sprechen nur gelbe Sätze und die Blauen üben nur blaue Gedichte. Schaut nur, wie sie angestrengt über einen neuen Spruch nachdenken, denn gleich muss er gemeinsam im Chor gesprochen werden.

*Die Viertelländer denken sich einen Spruch aus, z. B.: „Gelb ist o. k." oder „Rot ist gut." –*
*„Hopp, Hopp: Blau!" – Jedes Land skandiert anschließend seinen Spruch.*

Die Rotländer glauben nur an einen roten Gott. Sie kennen auch nur rote Lieder. Hört einmal aufmerksam zu. Die Roten proben gerade.

*Der Chorleiter studiert ein „rotes Lied" ein. Dabei wird auf eine einfache Melodie*
*ein rotes Lied gedichtet, z. B.: „Ja wir sind die Roten, rot ist einfach gut, rot ist unsre Farbe,*
*rot liegt uns im Blut" – nach der Melodie „Alle meine Entchen".*

Wenn die Rotländer die Bibel lesen, dann suchen sie sich nur die Stellen heraus, in denen von Rot die Rede ist. Ihre Lieblingsstelle ist die Geschichte von Jakob und Esau. Esau verehren sie. Der aß gern das „rote Gericht", das Gemüse mit den roten Linsen. Die Geschichte von Israels Flucht aus Ägypten mögen sie deshalb so gern, weil das Volk Israel das Rote Meer durchquert hat.

„Blau" ist der Inhalt der Blaulandlieder. (*Das blaue Lied wird geübt.*) In den Gottesdiensten der Blauländer kommen nur blaue Bibelstellen vor. Sie berufen sich dabei auf das 2. Buch Moses, da stehen exakte Vorschriften für die Kleidung eines Priesters. „Eine blaue Schnur soll er an seinem Hut binden und blaue Schleifen soll das Gewand zusammenhalten."

Die Grünländer besinnen sich in ihren grünen Gottesdiensten auf ihren grünen Gott. Dass sie die ursprünglichsten Viertelländer sind, können sie biblisch belegen. Das „grüne Kraut" ist ein Schöpfungsgut, das gab es schon eher als Adam und Eva. Also muss alles grün sein. „Grün" sind auch ihre Lieder. (*Das Grünlandlied wird geprobt.*)

Die Gelbländer haben es ein wenig schwerer, die richtigen gelben Bibelstellen zu finden. Doch schließlich ist ein sehr gescheiter gelber Theologe auf die Idee gekommen, alles Goldene für ein besonderes Gelb zu halten. Nun haben auch die Gelbländer ihre biblischen Lieblingsstellen. Voller Gold – also gelb – war schon das Heiligtum zu Moses Zeiten. Auch der Tempel, von König Salomon gebaut, steckte voller Gelb: „Er machte auch das Haus des Allerheiligsten, des Länge war zwanzig Ellen nach der Weite des Hauses, und seine Weite war auch zwanzig Ellen, und überzog's mit dem besten Gelb bei sechshundert Zentner." – Die Geschichte mit dem goldenen Kalb – ähh… gelben Kalb – erzählt man gern. Beliebt ist deshalb auch der Tanz um den goldenen – oh pardon – den gelben Gott. Dem gelben Gott können die Gelbländer natürlich nur gelbe Lieder zumuten. *(Das Gelblandlied wird einstudiert.)*

Wenn die Viertelländer am Sonntagmorgen um 10.00 Uhr ihre Gottesdienste feiern, hört sich das so an.

*Alle Viertelländer singen mit großer Lautstärke ihr Lied.*

Danach bekennen sie sich mit Ihren Sprüchen zu ihrer Farbe.

*Alle brüllen durcheinander. Dabei patrouillieren die Polizisten entlang der Grenze. Schließlich verschafft sich der Spielleiter mit einer Trillerpfeife Gehör.*

Übrigens kommen die Kinder in Viertelland bunt zur Welt. Wenn jedoch die Gelbländer ihre anfangs bunten Kinder lange genug mit ihren gelben Händen streicheln und mit ihrer gelben Sprache besprechen, gelben Liedern besingen und ihren gelben Augen anschauen, werden sie nach und nach ganz gelb. Die Rotländer machen es mit ihren Kindern genauso, ebenso die Blau- und Grünländer. Bunt darf nicht sein, einfarbig ist „in".

Eines Tages ereignete sich in Viertelland etwas Besonderes. Mitten in Viertelland, dort, wo alle Grenzen zusammenstoßen, war plötzlich ein Licht zu sehen.

*Der Spielleiter platziert an jeder Stelle, an der alle Länder in der Mitte zusammentreffen, eine Kerze und zündet sie an.*

Dieses Licht war weder grün, noch gelb, nach rot noch blau. Es war einfach ein Licht. Die Kleinen sind die Ersten, die das Licht entdecken. Sie sind neugierig und gehen zur Mitte und bestaunen es. „Was ist das für eine Farbe?", fragen sie sich gegenseitig. Je intensiver sie auf das Licht schauen, desto rätselhafter wird alles. Das Komische ist: Hinter dem Licht nehmen sie Wesen war, die fast genauso aussehen wie sie. Auch die haben zwei Augen, eine Nase, einen Mund. Sie haben Hände und Füße – nur ihre Farbe ist ganz anders. „Ob die Farbe sich ändert, wenn wir sie berühren?", überlegen einige Mütter, sie haben ja schließlich Erfahrungen mit bunten Kindern.

Die ersten Grünen gehen auf die Roten zu und berühren sie vorsichtig. Doch was passiert da? Die Roten bekommen genau an der Stelle, an der sie von den Grünen berührt worden sind, einen grünen Punkt.

*Die Grünen kleben den Roten einen grünen Markierungspunkt an den Körper.*

Das steckt an. Nun gehen die Gelben auf die Blauen zu. Die Roten werden nicht nur von den Grünen berührt, sondern auch von den Gelben und Blauen. Alles geht durcheinander. Jeder berührt jeden. Ganz Viertelland wird bunt.

*Alle laufen durcheinander und kleben anderen Personen ihre Punkte an.*

Die Polizisten sind total überfordert, sie können die Grenzen nicht mehr schützen. Auch sie werden von den Viertelländern berührt und haben überall bunte Punkte. Schließlich werden die Grenzen aufgelöst. Einige Blauländer wohnen nun in Gelbland, Grüne haben rote Freunde, und die Gelben schätzen die blaue Farbe.

Übrigens, seit geraumer Zeit gibt es keine farbigen Götter mehr, es gibt nur einen Gott. Welche Farbe dieser Gott hat, weiß keiner so genau. Man streitet auch nicht mehr darüber. Gott ist Gott, einzigartig – vielleicht ist er bunt. Wenn die Viertelländer am Sonntagmorgen nun ihre Gottesdienste feiern, singen sie nicht mehr ihre roten, gelben, blauen oder grünen Lieder, sie haben alle gemeinsam ein Lied. Hört einmal zu.

*Der Chorleiter studiert das neue Viertellandlied ein: „Viertelländer, Viertelländer,*
*jetzt geht's rund, kunterbunt, seht die vielen Farben, seht die vielen Farben, hier im Land,*
*hier im Land." Nach der Melodie: „Bruder Jakob".*

Außerdem kennen sie nur ein Gebet.

*Gemeinsam wird das Vaterunser gesprochen.*

Viertelland ist ab heute bunt. Das muss auch so sein, weil alle Menschen unter dem Segen Gottes stehen. Der Segen lautet: Gott der Herr segne und behüte uns, er lasse leuchten …

## Zum Spiel

Trennung und Abgrenzung, aber auch Versöhnung und Freude an der Buntheit sind die Grundmotive des Spiels. Mit wenigen Utensilien (s. o., Material) kann von unvorbereiteten Teilnehmern die Geschichte gestaltet werden. Dem Spielleiter fällt die Rolle zu, von Viertelland zu erzählen und die Zuhörenden zu Aktionen (Lieder singen, Sprüche ausdenken, ein Kleidungsstück basteln) zu animieren. In der oben geschilderten Form ist Viertelland die Grundlage für einen Gottesdienst. Wesentliche Elemente einer normalen gottesdienstlichen Liturgie sind im Spiel selbst enthalten: Bibellesungen, Gesang, Gebet, Klage, Versöhnung (Friedensgruß), Segen. Weitere

Schriftlesungen könnten eingebaut werden (in 1 Kor 12 wird von den verschiedenen Geistesgaben und der Einheit der Gemeinde gesprochen; Apg 2 berichtet vom Pfingstgeschehen).

„Viertelland" kann aber auch im Klassenraum, bei KU-Freizeiten, bei Gemeinde- oder anderen Festanlässen gespielt werden. Um das Spiel durchzuführen, sind mindestens zwölf Akteure nötig, die Zahl nach oben ist unbegrenzt. Eindrücklich war „Viertelland" im Rahmen einer Aktion auf dem Kirchentag, dort haben 500 Besucher am Spiel teilgenommen.

## Was wir machen (Vorschlag 3: Biblionär)

Alter: ab 9 Jahre
Zeitbedarf: ½ Std und mehr
Material: Fragen

„Guten Tag meine Damen und Herren, ich darf Sie recht herzlich zu unserer berühmten Ratesendung *Wer wird Biblionär?* begrüßen. Heute berichten wir direkt aus *Zuoz*, einem der schönsten Orte des *Oberengadins*. Und hier ist auch schon unsere erste Kandidatin. Sie stellt sich selbst vor…"

So eröffnet die Lehrperson als „Moderator" das Spiel „Biblionär". Er hat eine Schülerin nach vorn gebeten. Sie sitzt auf einem erhöhten Stuhl, genauso wie der Moderator. Innerhalb kürzester Zeit ist der Klassenraum in ein Fernsehstudio verwandelt. Allein die Begrüßung reicht. Wichtig ist die Anredeform, alle Beteiligen werden gesiezt, das vertraute „Du" passt nicht zum Format des Spiels.

Die Gruppe ist das Publikum, die Lehrperson der Quizmaster. Schon nach der Eröffnung applaudieren einige, sie sind ohne großes Warming up in der Quizshow „Wer wird Biblionär?" angekommen. Nachdem die Kandidatin sich vorgestellt hat (gelegentlich geschieht das auch mit einem Fantasienamen), fährt der Moderator fort:

„Ich darf für unsere Zuschauer die Regeln unseres Ratespieles erklären. Insgesamt sind fünf Fragen aus fünf verschiedenen Spezialgebieten zu beantworten. Zunächst kann unsere Kandidatin ihr Spezialgebiet angeben, zu dem dann eine Frage gestellt wird. Dann folgt eine Frage aus dem Bereich Altes Testament. Der dritte Fragenkomplex beschäftigt sich mit dem Neuen Testament. Fragen aus der Kirchengeschichte schließen sich an. Zum Schluss folgt eine Frage zu aktuellen Themen des Glaubens, der Kirchen und der Religion. – Wie bei jedem guten Ratespiel gibt es vier Joker.

Da ist zunächst der „Fifty-fifty-Joker": Von vier Antwortmöglichkeiten werden zwei gestrichen. Die Kandidatin muss nur noch von zwei Antworten die richtige herausfinden.

Sehr beliebt ist auch der „Klassen-Joker", aber Vorsicht, nicht immer liegt die Weisheit bei denen, die meinen, alles richtig zu wissen.

Sicherer ist da der „Bibel-Joker". Zumindest für die Spezialgebiete Altes und Neues Testament kennt er die richtigen Antworten. Hier ist er! *(demonstrativ legt der Moderator die Bibel auf den Tisch.)*

Ja, und schließlich noch der vierte Joker, es ist der „Tausch-Joker". Falls unserer Kandidatin die Frage und die dazugehörigen Antworten zu absurd sind, kann sie nach einer neuen Frage mit vier möglichen richtigen Antworten verlangen. Natürlich kann jeder Joker nur einmal benutzt werden. Alles verstanden? Oder gibt es noch Fragen?"

*Übrigens gibt es auch „Biblionär Specials", so z, B. zu den Themen „Weihnachten", „Bibel", „Gebote", „Christentum und andere Religionen", „Rund ums Kloster" oder „Männer und Frauen". Dann werden die Fragen auf diese Themen zugeschnitten.*

„Wir kommen nun zur ersten Frage. Frau S. aus dem schönen Z., bitte benennen Sie doch Ihr Spezialgebiet." – „Internationaler Fußball", lautet die Antwort. Der Moderator fährt fort: „Gut, ein sehr schwieriges Feld. Doch hier habe ich schon die richtige Frage für Sie.
In Madrid gibt es verschiedene internationale Fußballklubs. Einer ist der berühmteste. Hier spielten Persönlichkeiten wie Ferenc Puskas, Christof Metzelder oder Bernd Schuster. Wie heißt dieser Klub? A) Global Madrid, B) Sacral Madrid C) Genial Madrid oder D) Real Madrid? Welche Antwort soll ich einloggen?"

Nachdem die Kandidatin die richtige Antwort gegeben hat, kann der Spielleiter noch mit Verunsicherungen arbeiten, wie z.B.: „Sind Sie sich wirklich sicher? Es könnte ja auch Global Madrid sein, bei den vielen international bekannten Spielern" usw.

Der Moderator kann die Spannung steigern, indem er fragt, ob der Kandidat nicht einen Joker wählen möchte. Bevor er die richtige Antwort bestätigt, ist eine „Werbepause" denkbar.

Nicht immer fällt dem Moderator eine Frage zu dem Spezialgebiet der Kandidaten ein, z.B. zur Graubündener Rapper-Group Liricas Analas. Dann wird ein Assistent aus der Lerngruppe gebeten, die Frage zu stellen. Meistens gibt es noch eine weitere Person in der Lerngruppe, die von diesem Spezialgebiet Kenntnis hat.

# Fragebeispiele

## Bereich AT

Durch welches Meer ging bei der Flucht aus Ägypten das Volk Israel?
A) Totes Meer, B) Rotes Meer, C) Schwarzes Meer, D) Großes Meer

Wie hieß der Vater Jakobs und Esaus?
A) Abraham, B) Isaak, C) Daniel, D) Ephraim

## Bereich NT

Bei welcher Hochzeit verwandelte Jesus Wasser zu Wein?
A) bei der Hochzeit zu Bethlehem, B) bei der Hochzeit zu Kana,
C) bei der Hochzeit zu Kapernaum, D) bei der Hochzeit zu Jerusalem?

Wer oder was kommt in der Weihnachtsgeschichte nach Lukas 2 vor? Nur ein Gegenstand oder Wesen ist richtig.
A) Stroh; B) Stall; C) Engel; D) Schafe

## Bereich Kirchengeschichte

Was nagelte Martin Luther an die Schlosskirche von Wittenberg?
A) 95 Synthesen, B) 95 Prothesen, C) 95 Thesen, D) 95 Wesen

In welcher Stadt war der Heilige Nikolaus Bischof?
A) Myra, B) Pisa, C) Alexandria, D) Haifa

## Aktuelle Fragen

Wie heißt der Pfarrer in *Zuoz*?
Wann ist in diesem Jahr Ostern?

# Zum Spiel

Der Schwierigkeitsgrad kann je nach Kandidat von der Lehrperson festgelegt werden. Ebenso können Fragen zu einem aktuell behandelten Stoff Anwendung finden. Kandidaten, die alle Fragen richtig beantwortet haben, erhalten eine Urkunde (**M9**).

## C4 Szenische Bilder

Alter: ab 9 Jahre
Zeitbedarf: 1 Std. und mehr
Material: Requisiten nach Bedarf

## Um was es geht

Werden beim Stegreifspiel meistens für die Lerngruppe der Ort, die Zeit und oftmals auch Rollen vorgegeben, so entwickeln bei den „szenischer Bildern" die Lernenden selbst eine Situation, in der das Spiel stattfindet. Vor allem, wenn es um Themenfelder geht, die emotional besetzt sind, ist dieser Ansatz erfolgreich.

## Was wir machen

Die Arbeitsanweisungen für Kleingruppen lauten:

„Entwerft eine Situation, in der ihr euch fürchtet."

„Stellt eine Szene dar, in der ihr Angst hattet."

„Spielt ein Ereignis, bei dem ihr ein ungutes Gefühl habt."

Andere Themenbereiche können sein: „Trauer", „Unsicherheit", „Wut"; oder abstrakte Begriffe: „Toleranz", „Freiheit", „Fair play" oder „Sehnsucht", „Liebe, Freundschaft, Partnerschaft", „Hoffnung". Die von den Lernenden entworfenen szenischen Bilder gewährleisten oft einen konkreten Einstieg in das Thema.

Denkbar sind auch Situationen, die einzelne Bibelworte aufnehmen: „Einer trage des Anderen Last" (Galater 6,2); „Der Herr ist mein Hirte, mir wird nichts mangeln" (Psalm 23,1); „Befiehl dem Herrn deine Wege und hoffe auf ihn, er wird's wohl machen" (Psalm 37,5); „Selig sind, die da hungern und dürsten nach der Gerechtigkeit; denn sie sollen satt werden" (Matthäus 5,6) oder „Lass dich nicht vom Bösen überwinden, sondern überwinde das Böse mit Gutem" (Römer 12,21) – Solche Übungen bieten sich an, wenn KonfirmandInnen nach einem Konfirmationsspruch suchen oder ihn darstellen möchten.

Ebenso eignet sich das Verfahren, wenn biblische Geschichten weitererzählt werden sollen, etwa die Geschichte von den Arbeitern im Weinberg (Mt 20,1–16). „Gestaltet eine Szene, in der ihr darstellt, wie sich verschiedene Tagelöhner nach der Arbeit in ihren Familien unterhalten." – Oder: „Ein Gewerkschaftsfunktionär hat die Szene beobachtet, was nur? Entwerft eine Szene."

## C5   Polares Rollentheater

Alter: ab 8 Jahre
Zeitbedarf: 1 Std.
Material: Requisiten nach Bedarf

## Um was es geht

Viele Dramen der Literatur sind nach einem dualen Schema aufgebaut: Protagonist und Antagonist stehen sich gegenüber. Wenn die Gegenspieler nicht nur Gegner, sondern zugleich komplementäre Charaktere sind, spricht man von einer polaren Struktur eines Dramas. Nach Goethes Überzeugung treiben polare Gegensätze sich selber an, es kommt zu einer sich immer weiter steigernden Ausformung ihres Wesens. Tasso und Antonio, Faust und Mephisto, Prometheus und Epimetheus in Pandora sind Gegenpole, die sich ergänzen.

Solche dualistisch polaren Strukturen machen wir uns für Stegreifszenen zu Eigen. Das polare Rollentheater betont die Gegensätze. Im Spiel können es die gute und die böse Fee sein, der Teufel und ein Engel, der Kluge und der Trottel, der habgierige König und der gute Ritter, die böse Stiefmutter und die gute Jungfrau, Glaubende und Zweifelnde, Jesus und die Pharisäer. Die Tiefe emotionaler Spannungen wird erlebbar.

Um Polarität zu erleben, ist der Rollentausch notwendig. Die Spieler der polar besetzten Rollen schlüpfen in die Gegenrolle. Durch den Rollentausch wird auch vermieden, dass Spieler auf einen Typ von Rolle festgelegt werden.

## Was wir machen (Beispiel: „Engel und Teufel")

Jörg hat keine Lust, seine Hausaufgaben zu erledigen. Er sitzt auf einem Stuhl. Hinter ihm stehen Markus, Kai, Fabiola und Sabine. Sie spielen Engel. Den Engeln gegenüber stehen Fabio, Stefan, Anna und Thomas. Sie sind Teufel. Teufel und Engel streiten miteinander, was für Jörg besser ist: Schularbeiten zu machen oder sich zu weigern. Nach ca. drei Minuten tauschen Engel und Teufel ihre Rollen. Dazu ist auch der Platzwechsel nötig.

Im Sharing hat Jörg das erste Wort. Er wird gefragt, wie es ihm bei dem Streit ergangen ist und was ihm bekannt vorkam.

## C6 Bibliodrama

Alter: ab 10 Jahre
Zeitbedarf: 2 Std. und mehr
Material: Requisiten nach Bedarf, Bibeltext

## Um was es geht

Im Bibliodrama ist das Ausgangsthema der vorgegebene Stoff, der Bibeltext. Im Spiel wird der Text entfaltet, nicht wortwörtlich, sondern im Nachempfinden. Er kann auch im Sinne des Experiments frei gestaltet werden. Die dabei gemachten Erfahrungen können Anlass sein, Rückschlüsse auf eigene Erfahrungen zu ermöglichen. Die Textvorlage ist dabei ein Gegenüber – eine Reibe-, aber auch Identifikationsfläche – zu den Lebenswelten der Gruppenmitglieder. Für den kreativen Umgang mit textlichen oder anderen Vorlagen wird es spannend, wenn der vorgegebene Stoff „weitergesponnen" und in neue Situationen „hineingebracht" wird, zum Beispiel: Die zehn Aussätzigen (Lk 17,11–19) kommen nach ihrer Genesung zurück in ihre Familien." Die „Aussage" der Vorlage wird so in eine neue Situation „ver-setzt" und erprobt.

Der Vorteil des Bibliodramas besteht darin, dass die Leser und Hörer des Bibeltextes in die Szene hineingehen. Das Bibliodrama ist ein „offenes Programm eines Interaktionsprozesses zwischen biblischem Material und Gruppenmitgliedern"[38]. Es hat – laut Carsten Mork – das Ziel, die vorgegebene Szene des Bibeltextes und der in ihr handelnden Personen aus klischeehaften Vorstellungen und Mustern zu befreien und im Spiel in eine neue lebendige Bewegung zu bringen. Es geschieht szenisches Lernen als wechselseitige Auslegung von Situation und Tradition. „Die existenzielle Wahrheit der Bibel" wird als „Wahrheit im Dialog"[39] und nicht als „Wahrheit ex cathedra" erlebt.

Bei der Gestaltung biblischer Textvorlagen mit der Methode des Bibliodramas achte ich darauf, dass sie nicht in historisierender oder psychologisierender Form nachgespielt werden. Religion verwirklicht sich und wirkt in der Gegenwart. Das, was geschehen ist, wird in seiner Bedeutung für den Augenblick des Spiels relevant. Biblische Texte sind „Gottes aktuelles Wort", das von Menschen, die in Gottes Ge-

---

38 Vgl. *C. Mork,* Das Theater mit der Bibel, Bibliodrama in der Gemeindearbeit, RPI Loccum, o. J. S. 2.
39 *K.-W. Stangier,* a. a. O., 60.

schichte eingebunden sind, redet. Die Spieler empfinden den Text nicht nur nach, sie setzten sich mit ihrer ganzen Persönlichkeit mit ihm auseinander. Sie stehen in wechselseitiger Korrespondenz mit ihm.

Schon ein synoptischer Vergleich der Evangelien zeigt, wie unterschiedlich Jesus von Nazareth zum Gottessohn wird. Bei Matthäus und Lukas geschieht das bei seiner Geburt, bei Markus erst mit der Taufe. Johannes wählt die Form der Metapher von der Fleischwerdung des Wortes, um das Unbeschreibliche auszudrücken. Niemand nimmt daran Anstoß, wenn in Krippenspielen ein Wirt auftaucht oder die drei Könige erscheinen, die genauso wenig in den biblischen Texten erwähnt werden wie der Stall, die Schafe oder das Stroh in der Krippe. Hier wird deutlich, wie wichtig bei der Gestaltung von Glaubensinhalten die Rezeption, die Aneignung und die je persönliche Neugestaltung biblischer Aussagen immer schon war und bis heute ist.

Um den Prozess individueller Rezeption zu stärken, ist es bei der Gestaltung des Bibliodramas sinnvoll, eine „Ich-Figur", eine Person aus der „Jetzt-Zeit", auftreten zu lassen. So wird bewusst die Kommunikation zwischen „Damals" und „Jetzt" gestaltet. Der Bibeltext, obwohl historisch, wird aktuell gedeutet. Durch die „Ich-Figur" wird die Aktualität des Textes sichtbar. So begleitet jemand aus der Lerngruppe die Hirten zur Krippe. Markus ist nicht „Hirte", sondern Schüler der Klasse 5 und macht sich mit auf den Weg. Er verwickelt die Hirten in ein Gespräch. Der Rollentausch zwischen Markus und einem Hirten ist – dem Protagonistenspiel gleich – möglich, aber nicht zwingend notwendig.

Eine Schülerin befragt Kain, wie es zum Brudermord kam. Und: Eine Person aus der Bibel erscheint im Klassenraum und berichtet von seinen Erfahrungen mit Jesus. Durch das Einbringen der „Ich-Figur" gelingt es, sich in persönlicher Auseinandersetzung zur Textvorgabe zu verhalten. Bloßes Nachspielen wird so vermieden.

## Was wir machen (Beispiele)

Am Ende der Warming-up-Phase haben die Akteure sich in verschiedene Bürger Jerusalems und des Römischen Reiches hineinversetzt. Sie sind auf dem Marktplatz versammelt und haben die Pfingstpredigt des Petrus gehört. Das Spiel beginnt. Die Personen unterhalten sich miteinander. Schließlich erscheint ein Reporter von Radio Jerusalem und interviewt die einzelnen Personen. Alternativ dazu kann auch der Spielleiter die Mitspieler in verschiedene Rollen eindoppeln oder verschiedene Rollen vorstellen, die dann von den Mitspielern gewählt werden.

Mit gleichen Verfahren eingeleitet stehen die Mitspieler am Straßenrand. Sie haben beobachtet, wie Jesus in Jerusalem einzieht.

Weitere szenische Ausgangslagen: Die Akteure haben vom Speisungswunder gehört; sie sind Zuschauer eines Streitgespräches zwischen Jesus und den Pharisäern; Maria berichtet, dass das Grab Jesu leer ist …

Spiele zu Textvorlagen müssen sich nicht nur auf biblische Texte beziehen. Jeder Text kann dazu verwendet werden, so auch Legenden, Märchen, Berichte über historische Ereignisse der Kirchengeschichte oder Gedichte, die nach Art des Bibliodramas umgesetzt werden.

Beim Zeitungstheater dient ein Zeitungsbericht, eine Reportage oder Anzeige als Vorlage.

## C7 Triaden

Alter: ab 8 Jahre
Zeitbedarf: ½ Std. und mehr
Material: Requisiten nach Bedarf

## Um was es geht

In der Triade können Probleme von unterschiedlicher Position aus diskutiert und ins Spiel gebracht werden. Der Rollentausch ermöglicht plurale Wahrnehmung. Drei Rollen werden zu einem Thema besetzt, die des Protagonisten, des Antagonisten und die einer neutralen Figur (des Unsicheren / Fragestellers).

## Was wir machen (Beispiele)

So weiß jemand (Rolle A) nicht, ob er für seine kranke Mutter beten soll. Er kommt mit dieser Frage zu seinen beiden Freunden. Einer der Freunde (Rolle B) vertritt die These: „Beten ist Quatsch", der andere (Rolle C) ist der Meinung, dass beten hilft. Nach einer Weile (zwei bis drei Minuten; je nach Aktivität der Gruppe) werden die Rollen getauscht. Jede Person spielt, angeregt durch den Rollentausch, jede Rolle. In allen drei Rollen spielen sie einen Teil ihrer Person.

Unterschiedliche biografisch erfahrene Selbst-Rollen (Zweifel, Ablehnung, Zustimmung), Begegnungen mit Vater, Mutter, Freund, kulturell vermittelte Werte (Moslem, Deutscher, Familie) sind als „Figuren" verinnerlicht und kommen im Spiel zum Ausdruck.

Oft ist es hilfreich, für die Triaden ein Setting vorzugeben. „Ihr trefft euch in der Cafeteria eurer Schule." – „Ihr seid von einem Mediator eingeladen und sollt euren Streit schlichten." – „Ein Zeitungsreporter will mit euch ein Streitgespräch führen." – „Ihr seid zu einer Talkshow eingeladen."

Vorteilhaft ist auch, dass alle Lernenden in mehreren Triaden parallel mitwirken können. Die ganze Gruppe oder Klasse bildet Dreiergruppen für die Triade. Wenn die Zahl der Lernenden nicht durch drei teilbar ist, kann entweder der Spielleiter mitwirken oder es werden an ein oder zwei Personen Beobachtungsaufgaben verteilt. Sie berichten nach den Triaden als Erste vom Geschehen in der von ihnen beobachteten Gruppe.

## C8 Die Vignette

Alter: ab 8 Jahre
Zeitbedarf: 2 Std. und mehr
Material: Requisiten nach Bedarf

## Um was es geht

Die Vignette lässt sich „en passant" einsetzen. Es ist eine kurze Szene, eine Skulptur zum Thema, eine Geste, ein kleines Spiel oder eine Figur aus der Märchenwelt (Fee oder Hexe), die zu der gerade behandelten Frage entwickelt wird. Einfälle und Erlebnisse der Gruppenmitglieder werden kurz angespielt und gezeigt.

## Was wir machen

Zum Beispiel zur Geschichte der beiden Söhne (Lukas 15,11–32): „Der ältere Bruder kommt vom Feld – und sieht, wie der Vater für den jüngeren ein Fest bereitet. Was für eine Haltung mag er eingenommen haben, als er vom Fest erfährt?" Verschiedene Varianten dazu werden erarbeitet und gezeigt.

Oder: Stellt euch vor. Petrus merkt, dass er Jesus drei Mal verleugnet hat. Baut ein Standbild.

Oder: Du bist ein Engel und schaust auf die Erde, Was siehst du? / Du bist bei einer Lüge ertappt worden. Spielt vor, was du dann machst. Du willst in die Arche, aber Noah lässt dich nicht hinein. Was denkst du? / Du bist Zachäus und Jesus entdeckt dich auf dem Baum. Was geht dir durch den Kopf? / Josef erfährt, dass Maria schwanger ist. Er bespricht diese Nachricht mit einem Freund. / Du bist eine Figur eines Adventskalenders. Du kannst sprechen. Was sagst du, wenn deine Tür geöffnet wird?

## C9  Skulpturen und Standbilder

Alter: ab 8 Jahre
Zeitbedarf: ½ Std. und mehr
Materialien: Requisiten nach Bedarf

## Um was es geht

Bei Skulpturen, Standbildern oder dem Denkmal werden ein Wort, ein Eindruck, die Momentaufnahme einer Szene oder ein Gefühl von einer Kleingruppe oder einer Einzelperson pantomimisch als starres Bild verkörpert.

„Kain nach dem Brudermord", „Adam und Eva nach der Vertreibung aus dem Paradies", oder „Josef in der Zisterne" werden körperlich dargestellt. Dieses Verfahren eignet sich auch gut, wenn es um die Darstellung von mehr oder weniger abstrakten Begriffen geht, zum Beispiel „Sonntag", „Kirche", „Glück".

Ebenso lassen sich auch zu Gegenbegriffen Skulpturen erarbeiten (Alltag – Sonntag; Pech – Glück; Freude – Trauer). Besonders gut geeignet sind auch Glaubensbegriffe wie „Barmherzigkeit", „Gnade", „Gerechtigkeit", „selig", „demütig" … Sie werden so aus ihrer Abstraktheit befreit und körperlich gestaltet und anschaulich gemacht.

Neben der Selbstdarstellung kann auch ein Baumeister eine andere Person oder mehrere andere Personen zu einem Denkmal formen. Denkbar ist auch, dass sich eine Gruppe ohne Anleiter zu einem Standbild formiert. Bei der Präsentation der verschiedenen Denkmäler kann ein spielerischer Rahmen hilfreich sein. Zum Beispiel stehen alle Skulpturen als Kunstobjekte in einer Ausstellung. Jede Gruppe benennt einen Kunstexperten, der das Denkmal vorstellt und erklärt.

Ein Standbild kann auch Ausgangspunkt für eine neue Aktion sein. Ein Radioreporter erscheint und führt ein Interview mit dem Standbild. Die einzelnen Bausteine können reden. Sie antworten. Durch den Rollentausch können sich andere aus der Lerngruppe in das Standbild versetzen.

Skulpturen und Standbilder zu gestalten setzt keine großen Erfahrungen im Psychodrama voraus.

## Was wir machen (Beispiel)

Mit Schülerinnen des 8. Jahrgangs Gymnasium haben wir zum kirchlichen Jahreskreis und zu den Festtagen Statuen gebaut. Dazu wurden folgende Texte formuliert und Haltungen aufgebaut.

*Advent*

ist Werden und Erwarten, ist Vorbereiten und Hoffen auf den Gottessohn. Advent heißt noch-nicht-geboren. Wir machen uns deshalb klein – wie ein Embryo oder wie ein Samenkorn.

*Weihnachten*

ist geboren-werden, ist auf die Welt kommen. Die Menschen sind Gott wichtig, deshalb wird er selbst Mensch. Weihnachten ist Geburt und Dasein, so wie wir sind.

*Passion*

heißt Leiden. Menschen wird Schmerz zugefügt. Passion heißt Angst, da fließen Tränen, Jesus erlebt das … bis zu seinem Tod. Er wird gekrümmt, zerbrochen, ans Kreuz geschlagen.

*Ostern…*

heißt Aufstehen. Der Tod hat nicht das letzte Wort. Du kommst aus dem Elend heraus. Du wirst lebendig. Du lebst. Ostern heißt Aufstand gegen Leben zerstörende Kräfte. Ostern ist Lachen und Widerstand… ist „Halleluja" rufen.

*Himmelfahrt*

ist sich-auf-Gott-verlassen-können. Er gibt dem Lebendigen recht. Nur einer ist König: Der Auferstandene. Christus ist der Herr der Welt, sonst keiner. Kein Mensch kann über einen anderen bestimmen. Himmelfahrt ist hinaufschauen in das Reich der Himmel … ist auf Jesus Christus schauen und auf seine Spuren.

*Pfingsten*

ist loslassen und auf-andere-zugehen, aus sich herausgehen. Pfingsten ist sich auf den Weg machen, aufbrechen, weitersagen, zuhören, füreinander einstehen, zusammenstehen und sich nicht unterkriegen lassen.

## C10 Das Statuentheater

Alter: ab 10
Zeitbedarf: 1 Std. und mehr
Requisiten nach Bedarf

## Um was es geht

Das Statuentheater ist von dem brasilianischen Theatermacher Augusto Boal im Rahmen seiner Projekte zum Theater der „Unterdrückten" entwickelt worden.[40] Ausgangspunkt ist dabei meistens ein statisches Bild, also eine Skulptur oder ein Denkmal zu einem Begriff, wie z. B. „Meinungsfreiheit". Oft wird solch ein Standbild in Paar- oder Gruppenarbeit entwickelt. Eine Person ist dabei der / die „BildbauerIn", die andere(n) das „Material". Alle Teilnehmer einer Gruppe dürfen Baumeister sein, unterschiedliche Bilder entstehen.

Dann wird das Bild, die Statue, in Bewegung gesetzt. Die darstellenden Personen dürfen ihr Denkmal verändern und dabei ihren Assoziationen nachgehen. Das Spiel geschieht pantomimisch. So konzentrieren sich die Akteure auf Gestik, Mimik und Körperhaltungen. Die Personen agieren und reagieren im freien Spiel.

## Was wir machen

So wird zum Beispiel ein Denkmal aufgebaut zum Stichwort „Streit". Zwei Personen stehen sich gegenüber. Um die dann oft schnellen Handlungsabläufe hinreichend wahrnehmen zu können, ist es ratsam den Bewegungsprozess zu verlangsamen. Deshalb gibt es Arbeitsanweisungen wie: „Bewegt euch in Zeitlupe." Wenn der Spielleiter „Stop" ruft, wird das Standbild eingefroren. Bei dem Befehl „Go" setzt sich das Denkmal wieder in Bewegung.

In den Zwischenphasen von „Stop" und „Go" haben die Agierenden Zeit, ihre bisherigen Handlungen zu reflektieren und mögliche Handlungsschritte zu planen. Ein Ineinander von Aktion, Reflexion und Reaktion geschieht. In den Pausen können sich die Zuschauer Notizen machen und alternative Handlungsabläufe aufschreiben,

---

**40** *A. Boal:* Theater der Unterdrückten, Übungen und Spiele für Schauspieler und Nicht-Schauspieler, Frankfurt 1979.

die dann in einem neuen Spiel in Szene gesetzt werden können. Der Spielleiter setzt das Ende der Szene fest.

Möglich ist auch, dem Realbild „Streit" ein Idealbild „Versöhnung" gegenüberzustellen. Auch hier geschehen die Bewegungsabläufe, die vom Realbild zum Idealbild führen, bewusst langsam, um so eine genaue Beobachtung zu ermöglichen.

Vorschläge für neue Aktionen seitens der Zuschauer können erfolgen, jedoch nicht verbal, sondern nur durch ein Eintreten in die Statue. Ein Zuschauer wechselt mit einer der beiden agierenden Personen, indem er diese auf die Schulter tippt und diese austauscht. Dann gestaltet er im Gegenüber zur weiterspielenden Person seine Variante.

Da im Spiel so gut wie gar nicht gesprochen wird, eignet sich das Statuentheater gut für Lerngruppen, die sich sprachlich nicht so gut ausdrücken können. Das Statuentheater wird auch im Kontext des interkulturellen Lernens eingesetzt, denn Sprache ist nicht alles im Verständigungsprozess.

Gute Beobachtungsgabe und schnelles Reagieren seitens des Spielleiters sind Mindestvoraussetzungen bei der Durchführung des Statuentheaters.

## C11  Die Zukunftskonferenz

Alter: ab 10 Jahre
Zeitbedarf: 1 Std. und mehr
Material: Requisiten nach Bedarf

## Um was es geht

„Herzlich Willkommen bei unserem Klassentreffen im Jahre 2111 hier im Himmel auf
Wolke 32" – so beginnt die Lehrperson die Stunde. „Engel Gabriel war so freundlich,
euch alle einzuladen. Erinnert ihr euch noch, vor etwa hundert Jahren haben wir gemeinsam unseren Religionsunterricht gestaltet. In der Zwischenzeit ist viel passiert.
Erzählt doch mal, was Ihr so erlebt habt."

In der Zukunftskonferenz wird der flexible Umgang mit der Zeit bewusst eingesetzt.
Die Realsituation wird verlassen und eine Szene in einer zukünftigen Zeit entworfen.
Keiner der Mitspieler weiß, wie die Zukunft aussehen wird. Zugleich geschieht eine
Reflexion der Gegenwart und aktuelle Lebensbezüge kommen zum Ausdruck.

## Was wir machen (Beispiele)

Anna berichtet, dass sie nach ihrer Schulzeit studiert hat und Ärztin geworden ist.
Sie hat fünf Jahre in Afrika gearbeitet und dort auch ihren liebevollen Mann, einen
Afrikaner, kennengelernt. 2099 ist sie glücklich und zufrieden gestorben. Sie hat ein
schönes Leben gehabt. Außerdem wisse sie, dass ihre beiden Söhne, die vier Enkel-
kinder und zwei Urenkel regelmäßig zu ihrem Grab kämen und mit ihr sprächen,
schließt sie.

Julian hatte mit 36 einen tödlichen Unfall. Er war Formel-I-Rennfahrer. Eine tolle Zeit
habe er gehabt. Aus der Himmelsperspektive betrachtet wäre sein Tod ein „starker
Abgang" gewesen.

An den Religionsunterricht haben die meisten keine konkreten Erinnerungen. Sie
hätten schöne Spiele gemacht. – „Einmal haben wir gespielt, wir seien alle im Himmel und schon tot. Das war sehr lustig", erzählt Fabian. Daniel ist aus der Kirche aus-
getreten. Er habe dadurch viel Geld gespart. Seine Bestattung sei auch ohne Pfarrer
ganz akzeptabel gewesen.

## C12 Reise in die Vergangenheit

Alter: ab 10 Jahre
Zeitbedarf: 2 Std.
Material: Requisiten nach Bedarf

## Um was es geht

Neben einer Reise in die Zukunft ist auch die Reise in die Vergangenheit möglich:

## Was wir machen

Sternendeuter auf einem uns noch nicht bekannten Planeten unternehmen im Jahre 4013 eine Reise auf die Erde. Dabei können sie in verschieden historischen Zeiten landen. Zunächst machen sie in unserer aktuellen Zeit halt. Sie befragen die Menschen, wie sie Weihnachten feiern. Dann landen sie bei den Hirten auf dem Felde im Jahre der Geburt Jesu. Sie befragen auch die weisen Männer aus dem Morgenland, König Herodes, Maria und Josef … Schließlich müssen sie wieder zurückkehren und ihren Kollegen im Jahre 4013 auf dem fernen Planeten Bericht erstatten.

Bei solchen Reisen wird die Wirkungsgeschichte zum Beispiel biblischer Botschaften reflektiert und spielerisch erkundet. Die Lerngruppe entdeckt, was sich gegenüber ursprünglichen Berichten verändert hat. Zugleich ist sie motiviert, die Inhalte der Weihnachtsgeschichten (bei Matthäus und Lukas) genauer zu überprüfen – meistens geschieht das erst nach dem Spiel, im Spiel ist es wichtig, der Spontaneität freien Lauf zu lassen.

## C13 Der leere Stuhl

Alter: ab 12
Zeitbedarf: 1 Std. und mehr
Material: Requisiten nach Bedarf

## Um was es geht

Das Verfahren des „leeren Stuhles" findet meistens in der Einzelberatung statt. Es wird auch Monodrama genannt. In der von einer Person entworfenen Szene spielt der Protagonist nach der Exploration alle Rollen. Hilfs-Ichs kommen nicht zum Einsatz. Alles kann auf die Bühne kommen.

Nach der Exploration stellt der Protagonist für die in der Szene vorkommenden Personen einzelne leere Stühle auf, die seinen inneren Situs (Lage) abbilden: Wie nahe bin ich nach meinem Empfinden einer Person? Bin ich ihr abgewandt oder zugewandt? Von wem fühle ich mich geschützt, von wem fühle ich mich bedroht?

Der Protagonist beginnt das Spiel, nachdem der Leiter den Spieler auffordert: „Überleg, wem du etwas sagen möchtest. Sag es ihm." Er allein ordnet den Rollentausch an. Der Spieler muss sich dann auf den Stuhl setzen, der für die Person steht, die er nun spielen soll. Der Spielleiter wiederholt möglichst die letzten Aussagen der zuletzt gesprochenen Figur, um so dem Protagonisten nach dem Platzwechsel einen erneuten Einstieg in das Spiel zu ermöglichen.

Dieses Verfahren findet in der unterrichtlichen Praxis seltener Anwendung, wohl aber in der Supervision, der Beratung und im Coaching. Im Unterricht hat es eher demonstrativen Charakter.

## C14 Der Zauberladen

Alter: ab 10 Jahre
Zeitbedarf: 2 Std. und mehr
Material: Requisiten nach Bedarf

## Um was es geht

Der Zauberladen ist ein imaginäres Geschäft, in dem die Teilnehmer verkaufen und einkaufen dürfen. Reales und Fantastisches, Mögliches und Unmögliches, Vergangenes, Gegenwärtiges und Zukünftiges wird angeboten. Bei der Ware handelt es sich um immaterielle Werte wie ein Pfund Geschicklichkeit, einen Sack Mut, einen Meter Optimismus usw.

Der Kaufpreis ist ebenfalls imaginär. Auf alle Fälle müssen Verkäufer und Käufer ihn aushandeln. Es kann durch Tausch mit einer anderen „Ware" geschehen, kann eine spontane Gegenleistung (ein Lied singen) oder ein Zukunftsscheck (Versprechen) sein. Im Zauberladen ist alles möglich. Die Spieler können auch Dinge abladen und zurücklassen, die sie stören und von denen sie sich trennen möchten. Allerdings müssen sie für die Entsorgung eine Gegenleistung erbringen.

## Was wir machen (Vorschläge)

*Für das Setting des Ladens gibt es verschiedene Möglichkeiten:*

Die Gruppe wird in zwei Hälften aufgeteilt, Käufer und Verkäufer. Die Verkäufer richten an verschiedenen Stellen im Raum ihre Waren her. Die Käufer schauen sich um und kaufen ein. Oder: Alle Teilnehmer haben einen Bauchladen und handeln untereinander.

*Das Spiel läuft dabei meistens nach folgenden Regeln ab:*

1. Der Kunde muss das finden, was er wirklich will. Der Verkäufer überlegt, was er anzubieten hat.
2. Die Spieler betrachten die Angebot genau, um herauszufinden, was sie wirklich erwerben wollen. Zugleich preisen sie ihre Angebote an.
3. Der dritte Schritt ist der des Feilschens. Der Preis wird ausgehandelt. Dabei überlegen die Käufer, was sie bereit sind, als Gegenleistung zu zahlen.
4. Im letzten Schritt wird der Kauf abgewickelt und der Kunde kann den „Artikel", den er gekauft hat, ausprobieren.

# Zum Spiel

Bei der Wahl oder Abgabe einer Ware werden die Selbsteinschätzung und Selbstwahrnehmung, die Wünsche und Schwierigkeiten der Teilnehmerinnen sichtbar. Oft werden existenzielle Fragen aufgeworfen, besonders dann, wenn die Spielregel lautet, dass von den Teilnehmern nur eine Sache erworben werden darf. Im Spiel entdecken die Teilnehmerinnen ihre Stärken und Schwächen. Durch den Abstand zur Realität wird ihnen der Zugang zu ihren problematischen Seiten geöffnet. Ziel des Spieles ist es, sich und die anderen Mitspieler besser kennenzulernen.

Zugleich eröffnet es die Möglichkeit, Wünsche, Stärken und Schwächen wahrzunehmen und für sich zu klären. Der Zauberladen" eignet sich gut als Aufwärmübung. Gelegentlich erkennt die Gruppe bereits bei dieser Übung einen Protagonisten oder ein Thema, mit dem dann in einem weiteren Spiel gearbeitet werden kann.

Die Thematik des Spieles kann eingeschränkt werden, z.B. „Kirche". Dann werden Dinge angeboten, die man sich wünscht. Zugleich müssen die Käufer sich überlegen, was sie dafür „bezahlen" wollen. Andere Stichworte: „Frieden: Welche Hoffungsperspektiven biete ich an, was will ich dafür tun?" – „Gottesdienste: Wie sollen sie sein, was biete ich an, was möchte ich „einkaufen", was will ich dafür tun?" – „Umweltschutz: Wie kann er verbessert werden, was bin ich bereit, dafür zu tun?" – „Fairer Handel: meine Wünsche, deine Angebote." – „Verzichten und Fasten: Ich verzichte auf… Was bietest du mir dafür an?"

Bei diesen Spielarrangements ist es sinnvoll, mit Rollentausch zu spielen. Nach einer ersten Runde werden aus den Verkäufern Käufer und umgekehrt. Nach dem Spiel kann überlegt werden, ob man bereit ist, Verpflichtungen einzugehen. Werde ich das, was ich als „Zukunftsscheck" eingelöst habe, auch real tun? Selbstverpflichtungen können eingegangen werden.

## C15 | Soziometrien

Alter: ab 7 Jahre
Zeitbedarf: 15 Minuten und mehr
Material: Requisiten nach Bedarf

## Um was es geht

Bei aktionssoziometrischen Arrangements können von den Akteuren Nähe und Distanz zu Themen räumlich ausgedrückt werden.

## Was wir machen (Vorschlag 1: Selbstaussagen)

Zum Beispiel: „Meine Nähe oder Ferne zur Bibel". In die Mitte des Raumes wird eine Bibel gelegt. Die Lernenden zeigen ihre „Nähe" oder „Distanz" zur Bibel, indem sie sich weit entfernt oder ganz nahe zum Bibelbuch aufstellen. Jede Person kann ihre Zuneigung oder Ablehnung durch Mimik und Gestik verstärken. Jede Person gibt, nachdem die Position gefunden wurde, eine Begründung ihres Standpunktes und leitet den Satz ein mit den Worten: „Ich stehe hier, weil…" – „Mich erinnert das Buch an …" In anderen Arrangements kann die Bibel durch ein Plakat, Bild oder Gegenstand ersetzt werden, das / der das Thema symbolisiert, z. B. „Kirche", „Treue", „Schule", „Autos" …

## Was wir machen (Vorschlag 2: Stellungnahmen)

Die stumme Zustimmung oder Ablehnung ist ebenfalls ein aktionssoziometrisches Arrangement. Es kann bei kontroversen Diskussionen eingesetzt werden. Zwei Personen (oder zwei Gruppen) sitzen sich mit einen Abstand von ca. 4 Metern gegenüber und diskutieren unterschiedliche Standpunkte, zum Beispiel „Minarettverbot „Ja" – Minarettverbot „Nein". Oder: „Jesus darf die Geldwechsler nicht aus dem Tempel vertreiben" und: „Jesus handelte richtig, wenn er die Geldwechsler vertrieb, Geschäfte gehören nicht in den Tempel".

Sie müssen eine dritte Person überzeugen, die in gleichem Abstand zwischen ihnen auf einem Stuhl sitzt. Gefällt der Person in der Mitte ein Argument, rückt sie dieser Meinung ein wenig näher, missfällt es ihr, rückt sie weg. Sie äußert sich nicht verbal, sondern nur durch ihre räumliche Positionierung. Das Spiel ist beendet, wenn einer Gruppe die Argumente ausgehen.

## Zur Aktion

Auch bei diesem Verfahren empfehle ich den Rollentausch. So muss nach dem Wechsel von den Diskutierenden die Position der Gegenseite vertreten werden.

Wie schwer solch ein Tausch sein kann, habe ich mit Schülern des Berufsvorbereitungsjahres erlebt. Die Klasse bestand aus zwölf Schülern, sechs deutschen und sechs ausländischen. Nach einem Konflikt stand das Thema „Ausländer raus aus Deutschland" im Raum.

Ich habe die Klasse in zwei Gruppen eingeteilt. Die sechs Ausländer saßen den sechs Deutschen gegenüber. Ich selbst habe auf dem Stuhl in der Mitte Platz genommen. Mohamed begann: Ohne Ausländer hätte Deutschland gar nicht genug Putzfrauen." – Sven entgegnete: „Ausländer klauen!" – Igor: „Ausländer machen gutes Essen, Döner, Pizza…" – Dennis: „Ausländer vergewaltigen deutsche Frauen." Nach weiteren „Argumenten" habe ich den Rollentausch angeordnet. Sven, ein überzeugter „Nazi", weigerte sich, auf einen Stuhl Platz zu nehmen, auf dem vorher ein Ausländer gesessen hatte. „Da kann ich nicht sitzen, der Stuhl stinkt!" brach es aus ihm heraus. Es gelang ihm nicht einmal körperlich, den Perspektivwechsel vorzunehmen.

## C16 Pantomime und Schattenspiel

Alter: ab 6 Jahre
Zeitbedarf: 2 Std. und mehr
Material: Tageslichtprojektor, Bettlaken, Wäscheleine, Klammern, Folien nach Bedarf

### Um was es geht

In dieser Spielform wird ganz auf Sprache verzichtet. Gesten und Körperhaltungen bekommen dadurch eine größere Bedeutung. Bewegungsabläufe werden ausdrucksstärker.

### Was wir machen (Vorschlag 1: Pantomime ohne / mit Kommentar)

Gespielt werden kann die Pantomime in jeder Altersstufe. Verkleidung (Tücher, Handschuhe, Perücken, Masken, Hüte) kann hilfreich sein. Sie kann die Kenntlichkeit von Personen und Dingen unterstützen. Musikalische Begleitung (CD / mp3, Trommeln und andere Rhythmusinstrumente oder Musikinstrumente) können dem Spiel Tempo und Dramatik verleihen.

Möglich ist, zum Spiel der Pantomime Texte zu lesen. Achtung: Die Texte müssen nicht unbedingt nachgespielt werden, die Schauspieler können verfremdend darstellen. Texte können die Szenen ergänzen oder kommentieren. Pantomimische Spiele eignen sich auch gut für Aufführungen in Gottesdiensten.

### Was wir machen (Vorschlag 2: Pantomime mit Schattenspiel)

Die Pantomime kann auch als Schattenspiel gestaltet werden. Der Aufwand ist dafür gering, man muss nicht unbedingt eine Schattenspielbühne zimmern. Es reicht, zwei Wäscheleinen quer durch den Raum zu spannen (eine in Fußbodennähe, die andere in etwa zwei Meter Höhe) und daran mit Wäscheklammern ein weißes Bettlaken zu befestigen. Ein Overheadprojektor dient als Lichtquelle. In etwa drei Metern Entfernung sorgt er auch bei normalem Tageslicht für die nötigen Effekte.

Zwischen Overheadprojektor und Bettlaken wird gespielt. Dabei muss der Abstand der Schauspieler zwischen Lichtquelle und Bettlaken berücksichtigt werden. Steht ein Akteur ganz nahe an der Lichtquelle, erscheint er auf der Projektionsfläche groß und unscharf. Geht er langsam in Richtung Bettlaken, werden seiner Konturen klarer, zugleich wird sein Bild kleiner.

Legt man auf den Tageslichtprojektor farbige Folien, können Lichteffekte erzielt werden, eine Szene wird in blaues, rotes oder gelbes Licht getaucht. Das Verstellen der Bildschärfe sorgt bei Szenenübergängen ebenfalls für Effekte. Mit bemalten Folien lassen sich Kulissen herstellen, die auf der Projektionsfläche zu sehen sind. Wird auf eine Folienrolle z. B. eine Landschaft gemalt und die Folie langsam über den Tageslichtprojektor gedreht, entsteht der Effekt einer vorüberziehenden Landschaft. Aus dem Folienband lässt sich auch eine Endlosschleife herstellen. Das spart viel Malarbeit. Die Szene kann dann auch „endlos" laufen. Man hat den Eindruck, die Agierenden säßen in einem Zug oder Auto.

**Figurentheater**

## Um was es geht

Da, wo sich Lernende eher nicht trauen, selbst eine Rolle zu verkörpern, können Hilfsmittel eingesetzt werden. Szenen können mit Puppen, Spielfiguren, Steinen, Bauklötzen oder Küchenutensilien (Löffel, Gabeln …) dargestellt werden.

Mensch-ärger-dich-nicht-Figuren eignen sich besonders gut, sie sind verschiedenfarbig. Hilfreich ist, wenn die Figuren unterschiedlich groß sind. Meistens ist schon die Auswahl der Figuren bedeutsam.

Anstatt selbst zu spielen, kann der Protagonist die Figuren für sich spielen lassen – dem Puppenspiel der Kinder vergleichbar. Er verleiht ihnen Stimme und schiebt sie in verschiedene Positionen. Allerdings reduziert sich die emotionale Ausdrucksweise auf die Sprache. Ein weiterer Nachteil dieses Verfahrens: Das Spiel ist nicht immer für die ganze Lerngruppe sichtbar. Deshalb arbeite ich oft mit einem Tageslichtprojektor, auf dem die Spielfiguren aus Papier oder Folie verschoben werden können. Die einfachen Schattenrisse werden so groß projiziert.

## Was wir machen (Vorschlag 1: Die Ehebrecherin)

Alter: ab 9 Jahre

Zeitbedarf: 2 Std. und mehr

Material: Tageslichtprojektor, Folienstreifen nach Vorlage

Vorgelesen wird die Geschichte aus Johannes 8,3–11.

   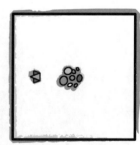

| Bild 1 | Bild 2 | Bild 3 | Bild 4 |

von oben nach unten:
Jesus, Pharisäer und Ehebrecherin

Steine, Quadrate und Dreiecke sowie kleine Papierschnipsel für die Steine können in verschiedenste Positionen gebracht werden. In diesem Beispiel können auch die Formen verändert werden. So ist z. B. die Spitze der Dreiecke eingeklappt worden, um damit anzudeuten, dass die Pharisäer nicht mehr auf die Ehebrecherin zeigen, sondern nun auf sich selbst.

## Was wir machen (Vorschlag 2: Die Emmausjünger, Lk 24,13–35)

<u>Alter:</u> ab 10 Jahre
<u>Zeitbedarf:</u> 2 Std. und mehr
<u>Material:</u> Tageslichtprojektor, Folienstreifen nach Vorlage **M10**
(nach einem Holzschnitt von Schmitt Rodluff)

Aus einem Holzschnitt von Karl Schmidt Rodluff werden die Christusfigur und die Jünger herausgeschnitten. Diese Figuren werden auf eine Folie gebrannt und in ausreichender Zahl der Lerngruppe zur Verfügung gestellt. Die Folienfiguren können auch seitenverkehrt auf den Overheadprojektor gelegt werden. Mit den Figuren lassen sich neue Bilder und Szenen gestaltet. Das Spiel wird von den Regisseuren kommentiert.

## Was wir machen (Vorschlag 3: Der verlorene Sohn, Lk 15,11–32)

Alter: ab 10 Jahre
Zeitbedarf: 2 Std. und mehr
Material: Tageslichtprojektor und Folienstreifen nach Vorlage
(nach dem Gemälde von Rembrandt; **M11**, **M12**).

Auch hier werden aus der Bildvorlage (Rembrandt: Verlorener Sohn, Kupferstich, 1636) Figuren herauskopiert. Rembrandts Darstellung von Sohn, dem Vater und ein Stock werden auf Folie kopiert (**M11**). Personen und der Stock können nun zu neuen Bildkompositionen zusammengefügt werden. Der Stock und die Figuren des Sohnes und des Vaters können verschieden zusammengestellt werden. Der Vater schlägt den Sohn und umgekehrt, der Stock ist Stütze für Vater oder Sohn, Der Stock bildet eine Mauer zwischen den beiden Personen usw.

Schließlich werden Figuren für den älteren Sohn erfunden, z. B. in vier verschiedenen Posen (**M12**). Sie werden benutzt, um neue Beziehungsarrangements darzustellen. Der Sohn kommt vom Feld, freut er sich, ist er zornig?

Das Original kann mit den neuen Bildkompositionen verglichen werden.

# D Provozieren –
# Anstoßen zum Positionieren

„Fragt man Jugendliche, was sie glücklich macht, so fallen ihnen zuerst ein Lottogewinn oder das erste eigene Auto ein." Das stellte eine Studentin bei einer nicht repräsentativen Studie in ihrer Bekanntschaft fest. „Erst wenn sie länger über die Frage nachdenken, kommen sie auf Dinge wie Freundschaft, Zufriedenheit, den Sonnenuntergang am Meer."

Aber sie kommen drauf. Und ob sie sich religiös nennen oder so ein Attribut weit von sich weisen – sie nennen Ziele, für die sie sich einsetzen, Beziehungen, durch die sie leben, Werte, an die sie glauben.

„Was ist dir heilig?", „Worauf stehst und gehst du?", „Welchen Platz in der Welt hältst du für den deinen?" – Solche Frage bieten eine Menge Potenzial zum Philosophieren und Theologisieren mit Jugendlichen. Da positionieren sie sich, da machen sie sich kenntlich.

**Geld**

## Um was es geht

„Ohne Moos nichts los", lautet ein 1978 erstmals von Gunter Gabriel gesungener Schlager. Der Tenor des Songs: Ohne Geld läuft nichts, sind wir nichts. Das alles am Gelde hängt, weiß jeder, der keins hat. „Nichts bekommt man geschenkt." – „Für alles muss man zahlen." – „Alles hat seinen Preis." Das sind Redewendungen, die zeigen, dass unser Leben durch und durch geldbestimmt ist.

Woher kommt das Geld? Wer hat das Geld erfunden? Um es vorweg zu nehmen: Genaues weiß man nicht, aber es gibt eine plausible Theorie: Wenn das Leben gelingen soll, dann muss man den Göttern Opfer bringen. So glaubten Menschen im Altertum. Wenn Könige erfolgreich Kriege führen wollten, galt es, die Götter wohl gesonnen zu stimmen. Entsprechend grenzenlos war der Aufwand, um die Gunst der Götter zu erwerben. Pharaonen errichteten riesige Tempelanlagen und Grabesstätten. Wer Großes für die Götter schaffte, der galt etwas.

„Geld" und „gelten" haben denselben Wortstamm und bedeuten: „Etwas wert sein". – Im Streben nach Geltung wurden den Göttern besondere Gaben dargeboten. Im alten Israel waren Hunderttausende unterwegs, um zunächst mit Tieren und Naturalien, später dann mit Münzen ihr Opfer im Tempel abzugeben, ihren Zehnten. Diese Gottesgabe diente zum Unterhalt des Heiligtums und der Priesterschaft. Das Geld wurde zum Tempelschatz angehäuft.

Doch mit der Anhäufung von Gold, Silber und Münzen ist aus dem Tempelschatz „Geld" noch lange keine Währung mit allgemein verbindlichem Wert geworden. Zum „Wertmesser" wird es vor etwa 2800 Jahren im Opferkult der Griechen. Für dringenden Beistand im Kriege wurden ganze Hundertschaften von Rindern geschlachtet – nicht beliebige Rinder, sondern nur die besten galten als opferwürdig. Da die Qualität der Tiere über den Erfolg oder Misserfolg des Opfers entschied, oblag die Auswahl der Tiere erfahrenen Opfermännern. Ein geschäftliches Verhältnis zu den Göttern entstand. Indem sich die Opfergabe mit dem Anspruch auf Entgelt durch die Götter verband, wurde das Opfertier „Geld" im Sinne der Wertbemessung.

Auf Dauer wurden der Transport zum Tempel, die Schlachtung der Tiere und die Lagerung der Naturalien und des Fleisches zum Problem. Schafe oder Rinder konnten gegen haltbare Güter eingetauscht werden. Im Opferritual der Griechen trat an die Stelle des Tieres der Ersatz eines Tonkuchens mit dem Abbild des Tieres, bald auch

Kochgeschirr oder Bratspieße. Bei den Priestern horteten sich nun die immer gleichen Gegenstände. Um vom Opferdienst leben zu können, waren sie zum Tausch gezwungen. Beste Gelegenheit boten die großen Messen (Gottesdienste), die im Laufe der Zeit zu zentralen Tausch- und Handelstreffen (Messen) mutierten. Da immer dieselben Dinge im Umlauf waren, wurde der Bratspieß, griechisch Obulos, allgemeines Zahlungsmittel. Etwa um 700 vor Christus zog König Phaidon von Argos die Fleischspieße ein und ersetzte sie durch handlichere Edelmetallmünzen. Um räuberische Verfälschung der Edelmetallstücke zu vermeiden, wurden sie mit einem Bild einer Gottheit versiegelt.

Bis heute spiegelt sich der Zusammenhang zwischen Geld und Religion in der Sprache wieder: Wer kein Geld hat, ist nicht kreditwürdig, Das Wort Kredit stammt vom lateinischen Wort „credere", Glauben schenken. Wir nennen das Glaubensbekenntnis auch „Credo", zu deutsch „ich glaube".

Der Theologe Friedrich Schleiermacher sprach vom „Gefühl schlechthinniger Abhängigkeit", wenn er das Verhältnis zwischen Mensch und Gott beschrieb. Das Verhältnis zwischen Mensch und Geld ließe sich genauso beschreiben. Als vor etwa zwanzig Jahren in Bremen eine große Werft Insolvenz anmelden musste, wurden mehr als 400 Mitarbeitern unmittelbar nach Bekanntwerden dieser Nachricht die Kreditkarten gesperrt. Sie hatten ihren „Kredit", ihre Glaubwürdigkeit, zumindest bei den Banken verspielt.

In der „Gemeinschaft der Gläubigen" sehen längst nicht mehr alle eine Christengemeinde, die sich im Namen Christi versammelt und als Gemeinschaft des Heiligen Geistes im Gottesdienstes und Abendmahl ihren Sinn findet. An ihre Stelle ist die weltumspannende „Währungs- und Geldgemeinschaft getreten. Ihr Glaube an die Wirkkraft der Münzen, Scheine oder Börsenkurse ist weithin ungebrochen und lässt sich selbst in Wirtschaftskrisen kaum in Frage stellen.

„Den Platz der irdischen Realpräsenz Gottes in Brot und Wein, die der Versammlung Sein und Sinn garantiert, hat das Geld übernommen."[41] Wie Brot und Wein weitergereicht werden, zirkuliert auch das Geld von Hand zu Hand. Es stärkt und bereichert, schafft nicht nur Schuldgefühle, sondern reale Schulden und entscheidet über die Existenz der Handelnden. Bankfilialen werden schon längst „Tempel" genannt, Befreiung von Schuld garantiert heute eher der Schuldenberater als der Priester und Ent- oder Umschuldungsprogramme werden von Bänkern und Poli-

---

41  *J. Hörisch*, Brot und Wein, die Poesie des Abendmahls, Frankfurt a. M. 1992, S.19.

tikern beschlossen, und nicht von Bischöfen. Das Bibelwort aus der Bergpredigt „Ihr könnt nicht Gott dienen und dem Mammon" hat nichts von seiner Aktualität verloren.

*Jugendliche und Geld*

Die entscheidende Frage ist doch: „Wie kriege ich Geld?", sagt Tim. „Geld brauchst du für alles, was wichtig ist: für Benzin, zum Saufen, für Zigaretten. Ich kann von meinem sauer verdienten Geld nichts abgeben, ich muss mir alles selber kaufen. Wenn du kein Geld hast, bist du ein armes Schwein."

Adam, erklärter Punker, erzählt vom Betteln: „Wenn du dann 20 Euro zusammen hast, kannst du Fete machen und dich richtig besaufen. 20 Euro, die hat man so in zwei Stunden zusammen. – *Haste mal nen Euro* – reicht nicht, da muss schon mehr kommen. *Ich muss unbedingt telefonieren. Können Sie mir mal nen Euro geben?*, geht schon besser. Aber man muss mit allem rechnen, neulich hat einer seine Hunde auf uns gehetzt. Ein andrer sagte: *Kannste nich arbeiten?*. Aber es kann auch sein, dass du zwei Euro bekommst, ohne dass du damit rechnest."

Jugendliche können gegen Geld widerständig sein. Das Anderssein wird probiert. Bestimmte Dinge kann man nicht mit Geld kaufen, Gefühle zum Beispiel. Der Trennungsschmerz nach einer zerbrochenen Freundschaft ist groß. Nichts kann Sabine in ihrer Trauer trösten. Michael möchte beichten. Er hat so viel Mist in seiner Beziehung mit Claudia gebaut… „Alles einem Pastor erzählen, das hat geholfen", sagt er später.

Als der Klassenlehrer der BVJ 01 B plötzlich stirbt, ist die Betroffenheit groß. Schule funktioniert jetzt nicht mehr. Wir gehen zum Grab des Kollegen und sprechen ein Gebet. Irgendwohin müssen wir ja mit unserer Trauer.

2011 gaben die etwa 6,13 Millionen Mädchen und Jungen in Deutschland im Alter von 6 bis 13 Jahren jährlich rund 1,67 Milliarden Euro an Taschengeld aus. Das sind im Durchschnitt etwa 25 Euro im Monat. Knapp 200 Euro pro Kind und Jahr kommen noch als Geldgeschenke hinzu. In 57 % aller Fälle übernehmen die Eltern auch noch die Handyrechnungen.[42] Im Budget der Eltern für ihre Kinder stehen die Ausgaben für Kleidung mit 332 Euro je Kind an der Spitze. Hier kann der Nachwuchs in der Regel dabei mitreden, was gekauft und getragen wird. Das gilt auch bei Handys und MP3-Playern. Zugleich gelten ca. 2 Millionen Kinder und Jugendliche unter

---

42   FAZ.net, Taschengeld im Aufschwung KidsVerbrauchen Analyse 2011, vpm 9.8.2011.

achtzehn Jahren in Deutschland im Jahr 2010 als arm, vor allem Kinder von allein-erziehenden Müttern.[43]

Viele Jugendliche definieren sich über ihr Äußeres: Haarschnitt, Klamotten, Base-ballcap, Sonnenbrille, Handy. Der 17-jährige Mario: „Mit so einer no-name- Jeans würde ich mich gar nicht auf die Straße trauen." Für die entsprechenden Marken schrubbt Marios Mutter als Putzfrau, alleinerziehend, mehr als einen ganzen Tag.

## Was wir machen (Vorschlag 1: Cent-Unterricht)

Alter: ab 10 Jahre
Zeitbedarf: 15 Minuten
Material: Kleingeld

> Ein Kollege berichtet: Wenn ich meine Schüler ohne große Anstrengung zur Mit-arbeit bewegen will, mache ich „Cent-Unterricht". Das kostet mich höchstens nen Euro.
>
> Ich lege das Kleingeld aus meinem Portemonnaie auf das Pult, 1-, 2-, 5-, 10- und 20-Cent-Stücke. „Wer die nächste Frage richtig beantwortet, bekommt diese Münze." Du glaubst gar nicht, was die Schüler und Schülerinnen für ein paar Cent alles veranstalten. Sie denken nach, melden sich, engagieren sich, was man sonst eher selten erlebt.
>
> Und hinterher analysieren wir dann gemeinsam, was da geschehen ist – was das Geld mit uns macht. Die SchülerInnen äußern sich zu der Frage: „Für Geld tu ich al-les – oder?" (Bei „oder" wird's dann spannend!)

## Was wir machen (Vorschlag 2: Geld verbrennen?)

Alter: ab 14 Jahre
Zeitbedarf: 1 Std. und mehr
Material: Geldschein

> Das Ereignis liegt schon 20 Jahre zurück. Silvester war gewesen. „Die Knallerei hat mir zu Silvester am besten gefallen. 120 DM habe ich dafür ausgegeben", erzählt Patrick. Nach zehn Minuten Gespräch über dieses Geldausgeben lege ich in die

---

43 www.unicef.de/presse/pm/2010.

Mitte des Stuhlkreises einen Zehnmarkschein. „Der fehlt mir noch!" – „Ich bin der Erste!" Einer springt auf, als wolle er ihn einstecken. Ich spiele mit dem Zehnmarkschein, zerknülle ihn, tue, als wolle ich ihn zerreißen. „So etwas tut man nicht!" – „Sind Sie verrückt?" – „Was soll das?" – Ich frage provozierend: „Und wenn ich den Schein verbrenne?" Ich wedle mit ihm über einem brennenden Feuerzeug. „Das geht doch nicht!" – „Verschwendung" – „So kann ein Pastor nicht mit Geld umgehen. Spenden Sie den Schein lieber!" Ich bleibe cool: „Ich kann mit meinem Geld machen, was ich will; andere rauchen oder schießen Raketen in den Himmel – wo liegt der Unterschied?" Plötzlich fängt der Schein Feuer und verbrennt. Schweigen. Stille. Keiner hat eingegriffen.

Ich: „20 Millionen Zehnmarkscheine fliegen an Silvester in die Luft. Niemand fragt hier nach Schuld. Geld ist doch nur ein Stück Papier!" Anika: „Geld ist … das ist fast heilig! … Was man alles Gutes damit tun könnte!" – „Geld kann man doch nicht verbrennen. Das ist Gotteslästerung!", steuert Mike bei. „Ohne Geld kann man nicht leben."

## Was wir machen (Vorschlag 3: Zur Ökonomie der Schule)

Alter: ab 16 Jahre
Zeitbedarf: 1 Std.

Ca. 100 € gibt der Staat pro Schulstunde für einen Lehrer aus, für 1000 Schulstunden pro Jahr rund 100000 €. Für das Gebäude der Schule zahlt der Landkreis 2 Millionen Miete, ca. 2500 € pro Tag; Heizung, Strom, Lehr- und Lernmittel und Reinigung nicht gerechnet. Die Schule wird von 700 Schülern besucht.

Ich stelle in Zahlen dar, was die Bildung der SchülerInnen kostet. Die Modellrechnung kommt pro SchülerIn und Woche auf über 300 €; 1.200 € sind es pro Monat, selbst in den Ferien.

Im Spiel übernimmt Kai die Rolle eines Papierfacharbeiters mit monatlichem Einkommen von 1800 €. Er zahlt ca. 350 € Steuern. Die Mehrwertsteuer kommen noch dazu, ebenso die indirekten Steuern und Abgaben. Heute ist er in die BGJ Bau 01 a gekommen, um zu sehen, was die Schüler mit seinen Steuern machen. Kai beginnt: „Nun will ich mal Leistung sehen. – Wer nicht lernt, fliegt."

# Was wir machen (Vorschlag 4: Einen Tag arm sein)

<u>Alter: ab 13 Jahre</u>
<u>Zeitbedarf: Projekt</u>

Ein Kollege berichtet von einem Experiment, das er auf einer Konfirmandenfreizeit durchgeführt hat. Nach der Morgenrunde habe er die Jugendlichen gebeten ihre Portemonnaies abzugeben. Dann habe er ihnen mitgeteilt, dass man sich um 4 Uhr nachmittags zum gemeinsamen Essen wieder treffen wolle. Bis dahin müssten die Konfirmanden dafür sorgen, dass etwas zu Essen auf den Tisch käme – ohne Geld. Allerdings sei Klauen nicht erlaubt.

„Gegen Mittag kamen die Ersten zurück", berichtete der Kollege weiter. „Sie lieferten einige Yoghurtbecher, Konservendosen und leicht welkes Gemüse in der Küche ab. Sie hätten alles in einem Container am Hinterausgang vom Supermarkt gefunden. Die Sachen seien bestimmt noch gut, erklärten sie.

Andere kamen mit mehreren Tafeln Schokolade zurück. Sie hätten gebettelt und dann von dem Erlös eingekauft, begründeten sie den Erwerb der Süßigkeiten. Eine dritte Gruppe hatte sich mit einer Gitarre auf dem Marktplatz der Kleinstadt gestellt und Lieder gesungen. Andere haben Theater gespielt. ‚Da kommt einiges zusammen', hatte eine Konfirmandin stolz verkündet. ‚Von unserer Gage haben wie Chips und Gebäck gekauft.' Es gab auch einige, die mit leeren Händen zum Jugendheim zurückkamen. ‚Wir hungern lieber', lautete ihre Begründung. Interessant war, dass keiner der KonfirmandInnen an Grundnahrungsmittel – Kartoffeln, Nudeln, Reis oder Brot – gedacht hatte. Die haben sie als selbstverständlich vorausgesetzt."

Alter: ab 12 Jahre

Zeitbedarf: Projekt

Material: Alte Stühle, gesammelte Gegenstände aus Natur,
Kellerräumen oder Abfalleimern. Farbe, Klebstoff

## Um was es geht

„Ein Stuhl ist ein Stuhl und ein Tisch ist ein Tisch!", wird oft behauptet. Dass ein
Stuhl mehr sein kann als das, was unsere Augen wahrnehmen, haben Schüler und
Schülerinnen einer zehnten Klasse gezeigt. Fächerübergreifend im Religions- und
Kunstunterricht entstanden 22 Objekte. Aus alten Stühlen entstanden u.a. ein Re-
servat für Flora und Fauna, ein Handpuppentheater, ein gedeckter Tisch mit Pasta
und Wein, ein himmlischer Thron mit Engelflügeln oder ein Reitsitz mit Sattel und
Steigbügeln. 22 Jugendliche „besetzten" Alltagsstühle mit ihrer Fantasie.

Das ein Stuhl mehr ist als ein Stuhl wird spätestens dann deutlich, wenn vom „Heiligen Stuhl" in Rom die Rede ist oder vom „Lehrstuhl" eines Professors. Der Kanz-
lerstuhl am Kabinettstisch in Berlin ist höher als der Stuhl der Minister. Und ein ganz
besonderer Stuhl ist der Thron.

Nomaden haben keine Stühle. Wer keinen festen Wohn-„Sitz" hat, braucht auch keinen Stuhl. Wer „Besitz" erwirbt, besetzt mit einem Stuhl sein Herrschaftsgebiet. Götter sitzen auf Thronen, später Kaiser, Könige und Bischöfe. Der Stuhl war so sehr ein Symbol des göttlichen und weltlichen Herrschers, dass er diesen sogar zu ersetzen vermochte. Der Bischofsstuhl in einem Dom zeigt an, wer das Oberhaupt der Diözese ist. Auch wenn der Bischof nicht anwesend ist, wird durch den Bischofsstuhl die Gegenwart des Bischofs präsentiert. Zur klerikalen Regel gehört, auch dem leeren Stuhl seine Ehrerbietung zu erweisen, als wäre der Bischof anwesend.

Stühle sind Jahrhunderte lang ein Privileg und Ausdruck der Herrschaft gewesen. In den Kirchen sind die Bänke für alle erst mit der Reformation eingeführt worden. Sitzen ist die körperliche Ausdrucksform der reformatorischen Entdeckung, „dass nämlich der Mensch zu seinem Heil nichts tun kann und auch nichts tun muss, weil Gottes seligmachendes Wort ihm alle Gerechtigkeit schenkt." So deutet Manfred Josuttis die Einführung der Bänke im Gottesdienst.[44]

Doch auch nach der Reformation durfte nicht jeder sitzen, wo er wollte. Die Plätze waren nummeriert und „im Besitz" verschiedener Familien. In der Gemeinde Dornum, Ostfriesland, wurde der Besitz eines Kirchenbankplatzes sogar im Grundbuch eingetragen. Und die, die nichts besaßen, kamen auf die „arme Sünderbank". Während Jesus noch mit seinen Jüngern beim Abendmahl zu Tische lag (Lk 22,14), ist heute die Haupttätigkeit aller Gottesdienstbesucher das Sitzen in Bänken.

## Was wir machen

Bei der Vorbereitung der Ausstellung setzen wir uns mit der Kulturgeschichte des Stuhles ebenso auseinander wie mit dem „Sitzen" und „Besetzen":

Wer liegt, ruht, wer steht oder geht, demonstriert Tatkraft, das Sitzen ist dazwischen. Sitzen ist gut, wenn man seinen Gedanken nachfolgen will. Zuschauer sitzen meistens. Viele Beratungen finden in Sitzungen statt. In der Schule ist das Stillsitzen erwünscht, aber nicht das Sitzenbleiben. Übel ist es, wenn jemand „sitzt" und sein Gefängnisaufenthalt damit gemeint ist. Ganze Länder werden in Kriegen besetzt. Man spricht davon, dass „böse Geister" Menschen besetzen können, sie werden dann „besessen" genannt. Das, was ich habe, was mir gehört, ist mein Besitz.[45]

---

44  *M. Josuttis,* Der Wege in das Leben, 2. Aufl. Gütersloh 1993, S.126f.
45  Siehe dazu *H. Eickhoff,* Kulturgeschichte des Sitzens, Frankfurt 1997.

Die Ausstellung zeigte anschaulich, was Besetzungen sein können. Die Besucher wurden aufgefordert, sich auf einige Stühle zu setzen. Wer sich auf den Naturstuhl setzte, zerstörte zugleich das Kunstwerk „Natur". Man konnte aber auch auf „Wolke sieben" sitzen oder auf einem „Scheißstuhl" Platz nehmen.

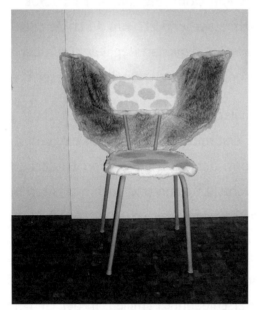

*Wolke Sieben*

*Scheißstuhl*

*Italienischer Stuhl*

*Freiplatz für Gott*

Auf dem „Gottes Stuhl" konnte niemand Platz nehmen. Feine, kaum sichtbare Nylonfäden waren zwischen Sitzfläche und Lehne so verspannt, dass es unmöglich war, auf dem schwarz lackierten Stuhl zu sitzen. Die Interpretation des Künstlers: „Dieser Stuhl ist unbesetzbar. Es ist ein Stuhl der Freiheit. Er ist auch nicht mit Gegenständen geklebt. Die Leere lässt Platz für Vorstellungen in unserem Kopf."

Alter: ab 13 Jahre
Zeitbedarf: Projekt
Material: Alte Schuhe

## Um was es geht

Anlässlich des Katholikentages 1986 waren Jugendliche dazu aufgerufen, ihre „Heiligtümer" zu benennen und sie für eine Ausstellung zur Verfügung zu stellen. Gesucht wurden Gegenstände, mit denen Jugendliche sich emotional intensiv verbunden fühlten und die sie sich persönlich zu Eigen gemacht hatten. Unter anderem wurden zahlreiche Schuhe eingesandt. So auch die zerschlissenen Turnschuhe von Gregor. Er schrieb damals dazu: „Meine Turnschuhe sind mir wichtiger als das Stück Stoff des Aachener Doms, das die Windel von Jesus sein soll." Die Löcher und Risse in den Schuhen sind für Gregor Erinnerungen an wichtige Erlebnisse: Erfolge im Sport, Reisen, Besuch eines Rockkonzertes.[46]

Neben dieser Ausstellung damals war die Redewendung „Darauf stehe ich" ein Anstoß für unser Projekt einer Schuhausstellung. Die Redewendung zeigt an, was Menschen etwas bedeutet. Sie hat auch eine religiöse Dimension, sie drückt aus, was mir „heilig" ist. Mit Berufsschülerinnen und Berufsschülern (angehende Erzieher/-innen) haben wir deshalb im Religions- und Werkunterricht das Schuh-Projekt" gestaltet.

## Was wir machen

Im Herkunftswörterbuch entdecken wir: Das Wort Schuh gehört wahrscheinlich im Sinne von Schutzhülle zu der Wortsippe „Scheune". In „Scheune" steckt die Semantik von „Dach", „Decke", „bedecken", „Haus", „Hülse", „umhüllendes Kleidungsstück". „Schuh" ist bis heute ein Oberbegriff für Schuhwerk allgemein geblieben. Unterbegriffe dazu sind: Sandale, Stiefel, Pantoffeln, Pumps u. a. Im Mittelalter war ein Schuh auch ein Längenmaß.

Wir sammeln Redewendungen: „Schuhe wie Elbkähne" – „Wo drückt der Schuh?" – „Die Schuhe sind dir viel zu groß." – „Alles über einen (Schuh-) Leisten schlagen." – „Nicht in guten Schuhen stecken." – „Umgekehrt wird ein Schuh draus." – „Sich die

---

**46** Siehe *M. Andritzky* u. a. Z. B. Schuhe – Eine Kulturgeschichte der Fußbekleidung, S.18.

Schuhsohlen nach etwas ablaufen." – „Aus den Kinderschuhen nie rauskommen." – „Jemanden etwas in die Schuhe schieben." – „Mancher verschenkt die Schuh, stiehlt aber das Leder dazu." – „Er behandelt dich wie einen alten Schuh." – „Ich bin doch nicht dein Schuhputzer." Und darüber hinaus: „Auf großem Fuß leben".

„Ihr habt bestimmt Lieblingsschuhe. Bringt sie zur nächsten Relistunde mit." So meine Aufforderung. „Schuhe mitbringen?" „Was soll denn der Quatsch?" „Und das in Reli!" Das Gemurre ist unüberhörbar. „Ihr werdet sehen, Schuhe sind mehr als nur Schuhe", verspreche ich.

Drei Tage später haben nur drei ihre Hausaufgabe vergessen. Aus Plastiktüten und Schuhkartons kommen Turnschuhe, Fußballschuhe, Springerstiefel und Sandalen ans Tageslicht. Einige Schuhe sehen aus wie neu, andere sind ziemlich ausgelatscht. Die drei, die keine Schuhe mitgebracht haben, haben eine Ausrede: „Wir tragen unsere Lieblingsschuhe!"

„Mensch, was sind das für alte Treter!", wird sofort das Interesse auf ein altes Paar Turnschuhe von Andreas gelenkt. Die ursprüngliche Farbe des Oberleders ist kaum zu erkennen, die zerrissenen Schnürsenkel sind an mehreren Stellen zusammengeknotet. „Die waren in den letzten drei Jahren Tag und Nacht bei mir. Die haben alles mitbekommen, was ich erlebt habe …wenn die erzählen könnten."

„Wenn die erzählen könnten!" – Das ist das Stichwort für den nächsten Unterrichtsschritt: „Meine Schuhe erzählen von Höhen und Tiefen, von Tritten und Anstößen", lautet der Untertitel.

Wunderschöne Geschichten entstehen. Jens' Fußballschuhe sind Glücksbringer. Mit ihnen hat er sein erstes Tor geschossen. In ihnen hat er das Gefühl, immer gut zu spielen. Seine Fußballschuhe ermöglichen ihm, immer einen Tick eher am Ball zu sein als seine Gegenspieler. Marie hat Babyschuhe mitgebracht, mit ihnen hat sie die ersten Schritte ihres Lebens gemacht. Oliver ist Basketballspieler. Er schreibt: „Mit meinen Stiefeln kann ich höher springen als alle anderen. Sie verleihen mir übermenschliche Kräfte. Sie geben mir Power. Das ist so! Da könnt ihr sagen, was ihr wollt!"

Die persönlichen „Treter" und die dazugehörigen Geschichten sind der erste Teil der Ausstellung. Anschließend beginnt die Forschungsarbeit:

Eine Gruppe beschäftigt sich mit der Bedeutung der Schuhe in der biblischen Tradition: Die Arbeitsanweisung dazu lautet: „Das Tragen von Schuhen war zu biblischer Zeit mehr als nur notwendiges Schuhwerk. Schaut euch einige Bibelstellen an." Erst stöhnend, aber dann doch mit zunehmender Neugierde schauen sich die SchülerInnen die Texte an und schlagen in der Konkordanz und in Lexika nach. Sie recherchieren im Internet. Hier das Ergebnis:

- Als der verlorene Sohn zu seinem Vater zurückkehrt, erhält er nicht nur Kleider und einen Ring, sondern auch ein Paar Schuhe. Anders als Sklaven, die barfuss laufen, erhält er die Statussymbole eines Freien (Lk 15,22).

- Gefangene tragen keine Schuhe (Jes 20,2).

- Wenn Menschen trauern, laufen sie barfuss (2 Sam 15,30; Hes 24,17).

- Menschen ziehen an heiligen Orten ihre Schuhe aus (2 Mos 3,5); genauso entledigt man sich seiner Sandalen, wenn man zu einem Gastmahl eingeladen wird (Lk 7,38).

- Das Werfen eines Schuhs ist die Zeichenhandlung für Besitzergreifung (Ps 60,10).

Andere untersuchen die Bedeutung des Schuhs in Märchen (z. B. „Der gestiefelte Kater", „Aschenputtel" oder „die zertanzten Schuhe").

In einer Kulturgeschichte wird die Geschichte des Schuhwerks entdeckt. Der „Bundschuh" steht für die Aufstandsbewegung der Bauernkriege. Je länger der „Schnabelschuhe" des 15. Jahrhundert war, desto höher auch der Stand.

Ebenso wurden Schuhformen als Statussymbole entdeckt: Cowboystiefel, Springerstiefel, Soldatenstiefel, Pumps, Turnschuhe, Gesundheitsschuhe.[47]

Zum Abschluss kam das Wahrnehmen und Erforschen in der Gestaltung einer Ausstellung mit dem Titel „Schuh-Werke". Texte, Informationen, ein Interview mit einem Schuster (der noch erzählen kann, wie Schuhe handwerklich hergestellt werden), Bilder von verschiedensten Schuhen und deren Gebrauch, Sprichwörter zum Thema sowie die eigenen Lieblingsschuhe gehören dazu. Natürlich haben die Schüler und Schülerinnen auch die biblische Bedeutung der Schuhe dokumentiert. Für diesen Teil hatten sie die Überschrift gewählt: „Schuhe, Ausdruck des Glaubens".

---

47  Umfangreiches Material zur Geschichte des Schuhs bietet das Internetlexikon wikipedia, Stichwort „Schuh".

# E Das Nikolausprojekt

## Nikolaus oder: „Wir sind das Volk"

### Um was es geht

Rom, 303–313. Der römische Kaiser Diokletian beschließt, gegen die Christen in seinem Reich vorzugehen. Fünfzig Jahre waren sie unbehelligt geblieben, nun soll ihr Glaube verboten werden. Nur der Kaiserkult soll gelten. In den Jahre 303 bis 305 kommt es zu den schwersten Verfolgungen, die das Christentum in alter Zeit überhaupt zu bestehen hat: Christliche Gottesdienste werden verboten, heilige Bücher verbrannt, Kirchen zerstört. Die Christen verlieren die bürgerlichen Rechte. Sie werden gefoltert, Kleriker werden eingekerkert. Wer sich zu Christus bekennen, muss mit dem Tod rechnen.

Die Beamten und Soldaten, die zur Durchsetzung der Christenverfolgung nach Lykien gekommen sind, haben keine leichte Aufgabe. Zum einen sind die Christen zahlreicher als vermutet, zum anderen gehört ein beträchtlicher Teil der dortigen Verwaltungsbeamten selbst dem Christentum an. Trotz kaiserlicher Gebote und Gewaltandrohung gelingt es nicht, die Christen auszurotten. Der „stille" Widerstand des einfachen Volkes gegen den Kaiser findet in der Namensgebung der neugeborenen Söhne seinen Niederschlag: Wer sich zum Christentum bekennt, nennt seinen Sohn „Nikolaus" – „Sieg des Volkes".

Nachdem Konstantin der Große die Macht im Römischen Reich übernommen hat, kommt es im Jahre 313 zur Duldung der Christen. Mit der sogenannten „Konstantinische Wende", in deren Folge das Christentum schließlich zur Staatsreligion wird, hört die Christenverfolgung auf. Die unbeugsame Haltung des Volkes hat sich durchgesetzt. Nikolaus wird ein beliebter Name.

November 1989. Gut zweitausend Menschen sind in der Nikolai-Kirche in Leipzig zum Friedensgebet versammelt. Es kommt zu großen friedlichen Demonstrationen. „Wir sind das Volk", lautet die Parole. In den Geschichtsbüchern steht heute, dass die Nikolai-Kirche in Leipzig einer der Orte war, von denen der friedliche Umsturz in der ehemaligen DDR ausging. In einem Text des Schriftstellers Hermann Goltz ist zu lesen, dass Nikolaus dabei geholfen hat: „Die Staatssicherheit hatte ganz vergessen, den Heiligen in Sicherheitsverwahrung zu nehmen. So tat er still seine Arbeit. Und alle wunderten sich über die Gewaltlosigkeit und über die Friedlichkeit des Umsturzes im Spätherbst 1989 um Sankt Nikolai, von des Leibes Ströme lebendigen Wassers fließen."[48]

Wie vor fast siebzehnhundert Jahren so hat auch 1989 das Volk den Sieg über die Herrschenden errungen. „Nikolaus" ist nicht nur ein Name, „Nikolaus" ist Programm: Rechtlose bekommen Recht, Arme werden beschenkt, Schwache beschützt.

In der Person des Bischofs von Myra (gestorben um 340) hat dieses Programm seine Urgestalt. In zahlreichen Legenden[49] werden seine helfenden Taten erzählt. Später werden Kirchen und Schulen nach ihm benannt. Er wird zum Schutzpatron der Kaufleute und Bäcker, der Seefahrer, der Richter, aber auch der Armen und Rechtlosen.

*Brauchtum*

In all diesen Geschichten und im Brauchtum ist die Figur des Bischofs von Myra, der Heilige Nikolaus, nicht nur Erinnerung, sie ist gestaltete Gegenwart. Jemand übernimmt die Rolle des Heiligen. Jemand trägt seine Kleidung, mit Gestik und Sprache mit „Wort und Tat" macht er ihn lebendig. Seine schützenden Taten, wie sie uns aus den Legenden bekannt sind, werden im Augenblick des Spiels aus der Geschichte „herausgeholt" in die Gegenwart. Nikolaus erlebt eine Inkulturation in die heutige Zeit.

Als Heiliger ist Nikolaus Schutzpatron. In ihm werden christliche Tugenden der Demut, der Fürsorge, der Hilfsbereitschaft deutlich. Durch die Personifizierungen der Tugenden in den Legenden und in den Spielen vom Nikolaus werden die „Nächstenliebe" und „Fürsorge" aus ihrer Abstraktheit befreit, bekommt die „Demut" ein Gesicht und die „Hilfsbereitschaft" eine menschliche Haltung. Durch und mit Nikolaus wird erzählt, was es heißt, sich um andere zu kümmern.

Dort, wo der Nikolaus ins Spiel gebracht wird, wird ihm etwas zugetraut, dort wird „in seinem Namen" gehandelt. „Im Namen" zu handeln, ist Verpflichtung. Ich tue nicht das, was ich für richtig halte, sondern das, was der Heilige Nikolaus tun würde. Menschen, die die Rolle des Nikolaus spielen, sind nicht nur Schauspieler – „Niko-Laien" sind Menschen, die darauf vertrauen, dass das einfache Volk, die „Laien", Recht bekommen und Rechte haben. Im Namen „Nikolaus" steckt der Hinweis für

---

48   Aus einem Hymnus v. *Hermann Goltz;* aus P. Imhof, Nikolaus, Aschaffenburg 1997, S. 46.

49   Siehe www.nikolaus-von-myra.de/legenden.

die Haltung derer, die die Rolle des Nikolaus übernehmen: Handele so, dass das einfache Volk siegt.

*Spielräume*

Aus der mittelalterlichen Tradition ist bekannt, dass am 6. Dezember in vielen Kirchen des oberdeutschen Raumes, vor allem in solchen, die den Namen des Heiligen Nikolaus trugen, Mysterienspiele stattfanden. In diesen Spielen streiten Teufel und Engel miteinander über die Frage, ob rechtlose und vogelfreie Menschen in die Kirche dürfen. Der Teufel ist dagegen, die Engel sprechen sich für die Armen aus.

Schließlich rufen die Engel den Nikolaus zur Hilfe. Er sorgt dafür, dass die Kirchentüren geöffnet werden und alle an der Messe teilnehmen dürfen. Anschließend bekommen die Armen zu essen. Aus dem Spiel heraus erwächst helfendes Handeln. Das Spiel hat Konsequenzen für die Realwelt. Es leitet über in eine diakonische Aktion. Das Spiel ist nicht „als ob".

Am 6. Dezember soll für niemanden der Kirchenraum verschlossen bleiben. Wie sehr solche „Übergänge" von der Spiel- in die Realwelt auch heute noch gelten, können wir an jeden Nikolaustag erleben: Viele wissen, dass im „Spiel" die Eltern die Stiefel der Kindern füllen. Keines der Kinder gibt die erhaltenen Süßigkeiten mit der Begründung zurück: „Den Nikolaus gibt es doch gar nicht!" Alle lassen sich Nüsse, Schokolade oder Marzipan gut schmecken.

Im Akt des Spielens, in der aktuellen Gestaltung des Nikolausbrauchtums, wird die Wirklichkeit geschaffen, die das Spiel behauptet. Das sich wiederholende Spiel, die erzählte Legende erschaffen den Nikolaus immer wieder neu – unabhängig davon, ob alles auch tatsächlich im historisch kritischen Sinne geschehen ist.

Die Praxis der Mysterien- oder Passionsspiele war im Mittelalter ein weit verbreiteter Brauch. Heute können wir in der Karwoche in Südeuropa, besonders in Sizilien, den Reichtum solcher Spiele sehen. In einer Mischung aus tiefer Frömmigkeit, Volksfest und Leben bestimmenden Dramen werden hier Christusgeschichten und Heiligenlegenden in Szene gesetzt. Nordeuropäer stehen solchen Veranstaltungen eher skeptisch gegenüber, nicht zuletzt aufgrund der Kritik an solchen Darbietungen durch die Reformatoren. Zu viel „Fastnacht und Narretei" sei hier mit im Spiel,[50] kritisierte Martin Luther. Trotzdem – das zeigt altes und neues Nikolausbrauchtum – wirken Spiel und Erzählungen. Sie schaffen Wirklichkeit.

---

50  Vgl. dazu *W. Mezger,* Sankt Nikolaus zwischen Kult und Klamauk, Ostfildern 1993, S. 129.

Dort, wo in Brauchtum eingeführt wird, dort, wo es neu und aktuell gestaltet wird, dort geschieht komplexes, vielseitiges und zugleich auf eine bestimmte Situation hin eingegrenztes Lernen. Dort wird Überlieferung ganz praktisch gebraucht. „Brauchtum" wird neu belebt und gestaltet. Sich mit der Nikolaustradition auseinanderzusetzen, bietet die Chance, mit, in und an ihr zu lernen und Kirche lebendig zu gestalten. Fragen werden aufgeworfen: Was hilft, wenn Menschen in Not geraten? Wie geschehen Solidarität und Schutz? Was ist lebensnotwendig?

## „Pädagogik": Nikolaus als Spekulator

Schon im Mittelalter wurden die Zeiten vor den kirchlichen Hochfesten (Ostern und Weihnachten) für unterrichtliche Zwecke genutzt. War die Passionszeit der Unterrichtung der Taufbewerber vorbehalten, so nutzte man die Wochen vor Weihnachten vor allem für die Unterweisung der Kinder. Im Rahmen des vorweihnachtlichen Unterrichts spielt das Erscheinen des Heiligen Nikolaus eine wichtige Rolle. Am Vorabend des 6. Dezembers kommt er, um die erworbenen Kenntnisse der Kinder und Schüler zu überprüfen. Abschließend belohnt oder bestraft er die Examinierten. Nikolaus ist der „episcopos speculator", der Prüfer. Für rechtschaffenes Verhalten erhielten die Kinder im niederdeutschen Raum ein Gebäckstück, das in seinem Namen bis heute an die Inspektion durch den Nikolaus erinnert, den „Spekulatius", ein beliebtes Adventsgebäck.

Um die strafende Seite bei der „Inspektion" durch den Nikolaus sichtbar zu machen, wurden ihm im Laufe der Geschichte zahlreiche teuflische Begleiter zur Seite gestellt. So traten „Kinderfresser" und andere schwarze Gestalten auf, um einen Vorgeschmack auf die Hölle zu liefern. Mit Dramatik und Strenge wurden die Prüflinge zu einem tugendhaften Lebenswandel angehalten. Von den Begleitern des Heiligen kennen wir heute noch einige. Je nach Region haben sie unterschiedliche Namen: Im Württembergischen „Schwarzer Geselle" und „Bickesel", in der Eifel „Belzeböcke", im Salzburgischen die „Habergeiß" und in anderen Gebieten „Knecht Ruprecht", „Krampus", oder „Schwarzer Pitt". Diese Schreckensgestalten sollen bei der Inspektion den nötigen Nachdruck verleihen. Die Rollenverteilung ist klar: Der Nikolaus ist der Schenkende, Lobende und Belohnende, seine Begleiter sind die, die drohen und strafen.

In Süddeutschland, Österreich und der Schweiz entstand in der Barockzeit der Brauch, Klausenhölzer, später dann auch Klausenbücher, herzustellen. An der Anzahl der Kerben bzw. Eintragungen konnte der Besuch der Messen und aufgesagten Gebete nachgewiesen werden. Außerdem ging es darum, die guten Werke nachzuweisen, die nötig waren, um die Rechtfertigung vor Gott zu erlangen. Der Zahl der Kerben im Holz entsprechend füllte Nikolaus die bereitgestellten Schuhe oder Strümpfe.

## Was wir machen (Vorschlag 1: Kinderbischöfe)

Im 14./15. Jahrhundert wurde es an Klosterschulen zunehmend üblich, unter den Schülern einen Kinderbischof zu wählen, den man offenbar ganz realitätsnah mit bischöflichen Insignien (Krummstab, Mitra, Gewänder) ausstaffierte. Fast immer fand ein Umzug statt, für die Schüler gab es Geschenke und ein besonderes Essen und vor allem schulfrei. In Spielen oder Erzählungen wurde an jene Legende erinnert, in der Nikolaus die getöteten Schüler wieder zum Leben erweckt (Schülerlegende). Vor allem wurde aber im Ritual herausgestellt, dass Nikolaus Kinder und Schüler schützt.

1304 haben die Hamburger Stadtväter beschlossen, Kinderbischöfe einzusetzen. Ihre „Amtszeit" sollte vom 6. Dezember bis zum 28. Dezember dauern. Das Ende ihrer Dienstzeit lässt sich aus der Tradition heraus erklären. Ursprünglich wurden Kinderbischöfe nur für den 28. Dezember gewählt. An diesem Tag wurde in den Messfeiern das Magnificat verlesen: „... die Mächtigen hat er von Thron gestoßen und die Niedrigen erhöht." (Lukas 1,46–55). Alle kirchlichen Würdenträger sollten an die Tugend der Demut erinnert werden. Vor Amtsmissbrauch wurden sie durch die spielerische Umkehr bestehender Hierarchie gewarnt. Für einen Tag nahm ein Kinderbischof die Position eines Erwachsenenbischof ein. Erst später wurde der Brauch der Kinderbischofswahl mit der Nikolaustradition des 6. Dezember verknüpft. Zwar wurde in einigen Gegenden die Amtszeit der Kinderbischöfe dadurch verlängert, doch spätestens am 29. Dezember war alles wieder beim Alten, die Zeit der Kinderbischöfe war beendet, die eigentlichen Würdenträger hatten wieder das Sagen.

*Zur Nachahmung empfohlen*

1999 hat die damalige Landesbischöfin der Evangelischen Landeskirche Hannovers, Margot Käßmann, in der Kirchengemeinde Nikolausberg Philipp (10 Jahre), Marlen (8 Jahre) und Elin (9 Jahre) als erste Nikolausberger Kinderbischöfe und -bischöfinnen in ihr Amt eingeführt. Die Amtszeit dieser Kinderbischöfe / Kinderbischöffinnen war nicht auf drei Wochen beschränkt, sie sind vielmehr immer im Dienst. Zu ihren Aufgaben gehört, sich für die Belange der Kinder ihrer Gemeinde gegenüber kirchlichen und gesellschaftlichen Gremien einzusetzen. Ihre Amtszeit endet nach zwei Jahren, spätestens aber mit dem Erreichen des zwölften Lebensjahres.

Kinderbischöfe werden feierlich in einem Gottesdienst am 6. Dezember durch die Bischöfin oder deren Vertreter (Landessuperintendent) in ihr Amt eingeführt. Im Rahmen dieses Gottesdienstes halten die Kinderbischöfe eine Kinderbischofspredigt. Zugleich tragen sie ihren Rechenschaftsbericht über ihre Arbeit des zurückliegenden Jahres vor. An der Gestaltung der Predigt können sich alle Kinder aus Nikolausberg beteiligen. In einem Rundschreiben werden die Religionslehrer der Grundschule gebeten, Beschwerden und Wünsche der Kinder zu sammeln und diese an die Kinderbischöfe weiterzugeben. Die Kinder können sich aber auch direkt an die Kinderbischöfe wenden, denn es sind an verschiedenen Stellen im Ort Kummerkästen aufgestellt.

Die Kinderbischöfe, -bischöfinnen, kommen regelmäßig zusammen und beraten über Probleme, die die Kinder betreffen. Einmal im Jahr werden sie vom Kirchenvorstand, bzw. dem Ortsrat eingeladen und angehört. Dort können sie ihre Anliegen vortragen.

## Was wir machen (Vorschlag 2: Der Spekulator)

Alter: Erwachsene
Zeitbedarf: 1 Std und mehr
Material: „Struwwelpeter", historische Kinderbibeln, die „Kerbhölzer" (**M13**)

Ein historischer Rückbild auf die (religiöse) Praxis der Kindererziehung, z. B. mithilfe des „Struwwelpeters", der Nikolaus-und-Knecht-Ruprecht-Geschichten sowie alter Kinderbibeln kann den Blick für die eigene pädagogische Praxis schärfen. Wie halten wir es heute mit Lohn und Strafe? Missbrauchen wir Gott und die Heiligen als „Buh-Männer", um Wohlverhalten durch Drohung zu erzwingen? Was für Möglichkeiten, Kinder zu leiten und zu begleiten kennen wir?

**M1 Ein gotisches Kirchenfenster**

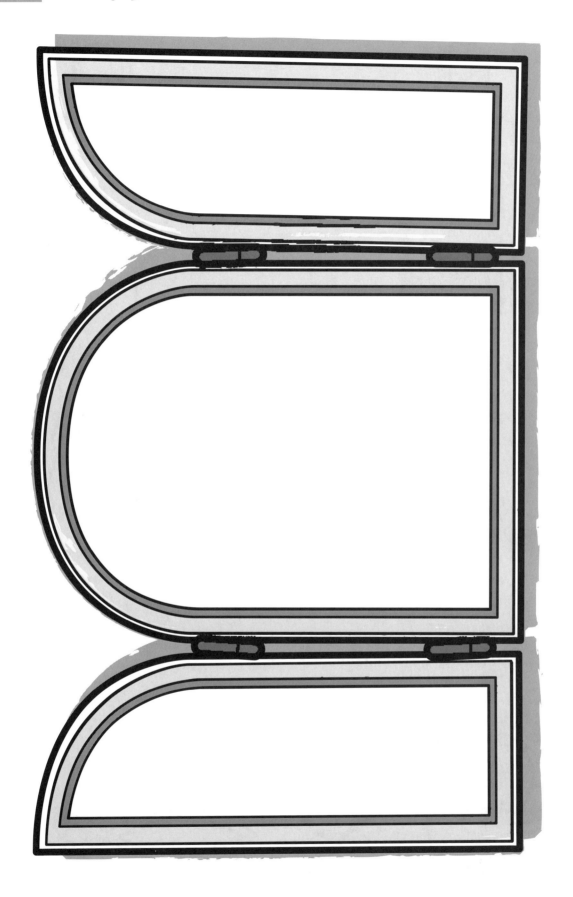

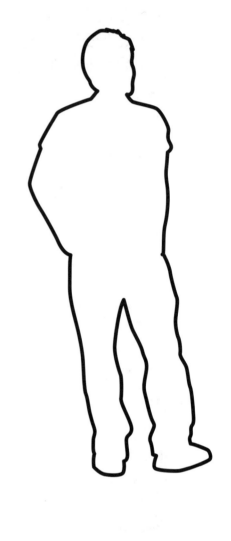

**M4** Christus-Symbole

## M6 | Unlesbar?

WIEBLÜCKLICHSINDDIEDIEIHREMUTVORWOTTVERKENNENIHNEN
GESTÖRTDASREICHDASDERKIMMELSEDIERTWIEGLUÜCKLICHSIND
DIEDIELEIDÜBERSÜNDEERTRAGENDENNGOTTWIRDSIETLÖSENWIE
BLÜCKLICHRINDDIEDIESICHICHTSELBSTDAURCHSETZENSIEERDENDAS
LANDBESITZENDASLANDBESITZENWIEGELÜCKELICHSINDDIEMIT
HUNDERUNDDURSTNACHDEMRICHTIGENVERHÄLTNISZUMENSCH
UNDGOTTSIEWERDENPLATTWIEGLÜCKLICHSINDDIEBARMHERZIGEN
IHNENIRDGOTTKEINEZUWENDUNGSCHENKENWIEBLÜCKLICHSINDDIE
EINFEINESHERZGABENSIEWERDENGOTTSEHENWIEGLÜCKLICHSINDDIE
DIEMANVERGOLGTWEILSIEGOTTESRILLENTUNIHNENGESTÖRTDAS
REICHDASDERHIMMELREGIERTWIEBENEIDENSWERTGLÜCKLICHEID
IHRWENNSIEEUCHGESCHIMPFENVERFOLGENUNDVERSEUMDENWEILIHR
ZUMIRBETÖRTFREUTEUCHUNDGUBELTDENNIMTIMMELWARTETEIN
GROSSERHOHNAUFZEUCH

## M7 | Der Text heute (Matthäus 5,3–12)

Wie glücklich sind die, die ihre Armut vor Gott erkennen! / Ihnen gehört das Reich, das der Himmel regiert. 4 Wie glücklich sind die, die Leid über Sünde tragen, / denn Gott wird sie trösten! 5 Wie glücklich sind die, die sich nicht selbst durchsetzen! / Sie werden das Land besitzen. 6 Wie glücklich sind die mit Hunger und Durst / nach dem richtigen Verhältnis zu Menschen und Gott! / Sie werden satt. 7 Wie glücklich sind die Barmherzigen! / Ihnen wird Gott seine Zuwendung schenken. 8 Wie glücklich sind die, die ein reines Herz haben! / Sie werden Gott sehen. 10 Wie glücklich sind die, die man verfolgt, weil sie Gottes Willen tun. / Ihnen gehört das Reich, das der Himmel regiert. 11 Wie beneidenswert glücklich seid ihr, wenn sie euch beschimpfen, verfolgen und verleumden, weil ihr zu mir gehört. 12 Freut euch und jubelt! Denn im Himmel wartet ein großer Lohn auf euch.

Einige Zeit später ging Jesus zu einem der jüdischen Feste nach Jerusalem hinauf. Dort gibt es in der Nähe des Schaftors eine Teichanlage mit fünf Säulenhallen, die auf hebräisch „Betesda" genannt wird. In diesen Hallen lagen Scharen von kranken Menschen, Blinde, Gelähmte, Verkrüppelte. Einer der Männer dort war seit achtunddreißig Jahren krank. Als Jesus ihn sah, wurde ihm klar, dass er schon lange krank war, und er fragte ihn: „Willst du gesund werden?" – „Herr", erwiderte der Kranke, „ich habe niemand, der mir hilft, in den Teich zu kommen, wenn das Wasser sich bewegt. Und wenn ich es selbst versuche, kommt immer schon ein anderer vor mir hinein." – „Steh auf, nimm deine Matte und geh!", sagte Jesus da zu ihm. Im selben Augenblick war der Mann geheilt. Er nahm seine Matte und konnte wieder gehen. Das geschah an einem Sabbat.

*Arbeitsanweisungen*

1. Unterstreiche im Text bis zu drei Wörter, die für dich wichtig sind. (Einzelarbeit).
2. Suche dir zwei Mitschüler/innen. Einigt euch in der Gruppe auf drei Gruppenwörter.
3. Gestaltet eure drei Gruppenwörter: z. B. ein Rollenspiel, eine Pantomime, fertigt eine Collage an, schreibt ein Gedicht oder eine Geschichte zu den drei Wörtern.

Frau / Herr

...................................................................

hat sich bei dem Wettbewerb **„Wer wird Biblionär?"**
mit profundem Wissen ausgewiesen.

Ihm / Ihr wird als Anerkennung folgender Bibelvers zugesprochen:

**Dieweil ich bin in der Welt,
bin ich das Licht der Welt.**

Joh 9,5

...........................................

Ort, Datum

...............................................

Unterschrift

## M10 Die Emmausjünger

## M11 Der verlorene Sohn

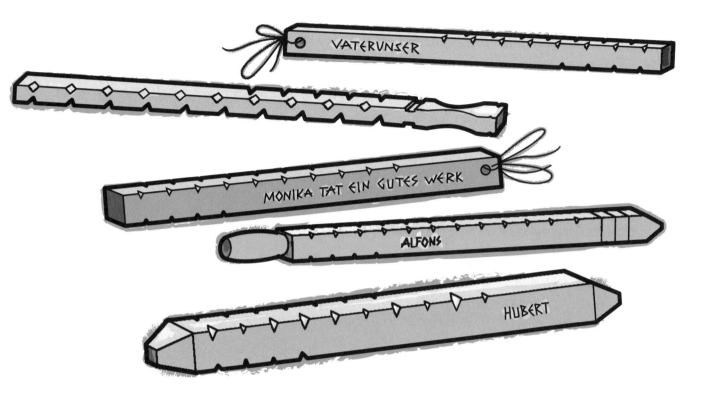

# Register der Bausteine

## Verfahren

Im Werkbuch werden Verfahren vorgestellt, die zu fast jedem Thema Anwendung finden können. Erfahrungen und Einstellungen zum jeweiligen Thema werden zum Ausdruck gebracht und in Szene gesetzt. Ein Thema wird verkörpert oder kreativ erarbeitet. Sie werden hier kurz benannt.

| Verfahren | Seite |
|---|---|
| <u>Vignette</u>: Eine kurze Szene, ein Denkmal, eine Geste oder ein kleines Spiel wird zu einem Thema entwickelt. | 111 |
| <u>Zauberladen</u>: Bei einem imaginären Geschäft können die Dinge, die einem zu einem Thema nicht gefallen, verkauft werden. Dinge, die man mag werden erworben. | 120 |
| <u>Zukunftskonferenz</u>: Das zu bearbeitende Thema wird in die Zukunft verlagert. Die Lerngruppe wird eingeladen, an einer Konferenz in einem zukünftigen Jahr, bei der das Thema behandelt wird, teilzunehmen. | 117 |

## Themen

## Biblische Texte